エダモンが畑からお届け！

農家ごはんと旬野菜レシピ

枝元なほみ

野菜まるご
産直レシピだ

はじめに

この本を手にとってくださって、ありがとうございます。

これは、日本各地の農家さんを訪ねて、畑仕事や出荷をお手伝いしたり、料理をいっしょに作ったりの、楽しかった取材をまとめた本です。

料理の仕事を長くやってきてつくづく、素材があるからこそ料理ができるんだなあ、と思うようになりました。おいしい食材があるからこそ、料理もおいしくなる、なによりも「素材あってこそ」なんですよね。

そして「食」が私たちの「生きる」ことを支えているものだとしたら、私たちが日々食べるものを作る畑や田んぼ、そしてそこで働く農家さんこそが、いちばんの大本を支えてくれているんだなあと、思うようになりました。

今年から国連が決めた「家族農業の10年」が始まりました。目の届く小さな単位で作物を作る小規模な農業が、私たち人間をこれまで養ってきました。その受け継いできた知恵を生かすことが、環境を守って地球の未来を創っていく、そういう趣旨で決められたものじゃないかと理解しています。

各地の農家さんを訪ねてたくさんのことを教えてもらいました。

どんな土がその作物を育てるのに向いているか、掘り出すコツや刈り取りの技、朝露の残る早朝に収穫するのがいいんだよと教わりながら、ひと仕事終え

て朝の陽を浴びる気持ちよさとか、そのあとに食べる朝ごはんのおいしさとか。農家さんならではのおいしい調理法や、出荷したあとの残りをたっぷり使って料理する方法まで、数え切れないくらいのいろいろな思い出とともに本ができあがりました。

「ほら、おいしく元気に育ったよ！」と差し出される野菜たちは、土や陽、風や水の力だけでなく、農家さんの想いが育てたんだなあ、と思えたのでした。

毎回、慣れない作業のお手伝いで（といってもたった半日くらいのにわかの弟子入りなのに）、帰り道はすっかり疲れていましたが、それはなんだか清々しい疲れでした。もちろん、いいこと、楽しいことばっかりじゃない。今の時代に農業をなりわいとするたいへんさも知って、考えこむこともありました。でも、だからこそ、前向きに生きたいと考えるようにもなりました。食べ物をつくる、作物をつくるって、人の生きていく一番の根っこをしっかり伸ばしていくっていうことだもの、そんなふうにも思うようになりました。

台所で野菜を洗ったり刻んだり火にかけたりしている料理の途中で、あの方この方のお顔を思い出したり、畑の様子を思い出したりするようになりました。

畑からの気持ちのいい風に乗って農家さんの想いが皆さんの台所に届きますように。

二〇一九年四月
枝元なほみ

日本の野菜はこんなにウマイ！

エダモンこと枝元なほみさんが
日本全国、旬の野菜の産地を訪問し、
その場で収穫から料理までを
お手伝い。農家のみなさんに
産地のおいしい食べ方を教わって、
収穫したばかりの野菜で
とびっきりの産直レシピを
考えました。

この本に出てくる料理

産地の食べ方 農家ごはん

「まずはこうやって食べて！」「地元じゃ当たり前」「これがわが家の大定番」と、産地の農家のみなさんに、いちばんおすすめの食べ方を教えてもらいました。

エダモンの とりたて野菜 旬レシピ

とりたて野菜、そのおいしさを存分に味わうための「旬レシピ」を、エダモンが考案。農家のみなさんにも味わってもらって大好評！の太鼓判レシピです。

エダモンの もったいないモン

大きくなりすぎたり、ふぞろいだったり、小さかったりで出荷されない野菜を使って、エダモンが常備菜や保存食、おやつなどを作りました。

目次

この本の使い方

- ●小さじ1＝5mℓ、大さじ1＝15mℓ、1カップ＝200mℓです。
- ●野菜は特に表記のない場合は、洗う、皮をむくなどの下ごしらえをしてからの手順を説明しています。
- ●火加減は特に表記がない場合は、中火です。
- ●電子レンジは600Wのものを使用しています。500Wのときは加熱時間を1.2倍に、700Wの場合は0.8倍にしてください。
- ●保存容器は清潔なものを使用してください。耐熱性のガラス瓶などは煮沸消毒してください。

鮮度が命やけん！朝採りブロッコリー

香川県
綾川町《あやがわちょう》
（ＪＡ香川県管内）

香川県は日本一面積が狭い県なのに、ご覧ください、ブロッコリー畑の広いこと。作付け面積は全国3位、その甘みはトップクラスを誇ります。

まだ暗いうちからヘッドランプをつけて畑に向かうのは、ブロッコリー農家の石井保洋さん。ブロッコリーの葉には、一面に霜が降りて真っ白。空気もキンキンに冷えています。

「香川のブロッコリーはなんといっても鮮度が命！　つぼみがキュッと締まってみっちり詰まってるのが特

徴やけん、そのための〝朝採り〟や。日に当たって霜が解けてつぼみが少しやわらこうなる前にとってしまわんとね」。日が昇るのが早いか、保洋さんが今日の出荷分を収穫するのが早いか競争です。

収穫しているのは『おはよう』という品種。ブロッコリーの葉を広げて大きさを確認しながら、茎の部分を包丁で切ります。小さいものには「早う大きくなってくれー」と声をかけながら、大きく育ったブロッコリーを収穫していく保洋さん。辺りが明るくなる頃には、コンテナがいっぱいになりました。

早朝に収穫するブロッコリーからは、たくさんの水分が飛び散るため、前掛けやゴム手袋、長靴や腕カバーなどの水よけ対策が必須です。このみずみずしさを損なわぬよう、とったらすぐに選果場へ運ばれます。香川県のブロッコリーは関東方面に出荷されることが多いので、鮮度を保つために出荷時に氷をいっしょに詰

畑には 4400 株のブロッコリーが植えられている

選果場へ出荷。大きさと状態を一つ一つ確認したあと、箱に入れて、氷を詰める

める工夫も。低温を維持しながら運ばれます。

そんな特産のブロッコリーをもっと食べてほしいと、綾川町の生産者が考えた新名物が、草餅ならぬ、ブロッコリー餅。どうです、この色、この迫力。人が集まるときにたくさん作って、みんなで食べるのだそう。

いつもは餅つき器で作りますが、今日は特別、保洋さんが子どもの頃から使っている石臼《いしうす》で餅をつきました。ブロッコリーの葉も加えて色鮮やかに仕上げ、中にあんを入れます。「香川県ではお雑煮にも入れよるくらい、あんこ餅が好きなんよ」と妻の礼子さん。うどんに続き、ブロッコリー餅が香川の新名物になる日も近い!?

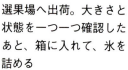

ペッタン
ペッタン

綾川町の新名物！

ブロッコリー餅

びよーん

■ 作り方（75 ～ 80 個分）

ブロッコリー 150g とブロッコリーの葉 250g はざく切りにして、熱湯でやわらかくゆでる。湯をきり、フードプロセッサーに入れて細かく刻む。もち米 2 升は蒸気の上がった蒸し器で 40 分ほど蒸す。蒸したもち米とブロッコリーを石臼に入れてきねでつく。餅布にかたくり粉を広げてつきたての餅を置く。手で食べやすい大きさにちぎり、市販のつぶあん適量を包んで丸める。

ゆでて細かく刻んだ
ブロッコリー

餅の中にあんを入れる

つきたて
ホヤホヤだよ

食べきれなかった餅は、冷凍保存
も可能。焼いてもおいしい

エダモンの ブロッコリー 旬レシピ

ブロッコリーは茎の部分も、とてもおいしいんです。茎は皮を厚くむけば、中の部分は驚くほどやわらかいんですよ。温サラダは、私がしょっちゅう食べている料理。蒸して作るので、うまみも甘みも栄養分も逃げません。

食べごたえ十分の満腹サラダ！

ブロッコリーの温サラダ

■ 材料（4人分）

ブロッコリー……1個（300g）
ジャガイモ（あればメークイン）……小2個（250g）
ウインナソーセージ……6本（120g）
ニンジン……小1/2本（50g）
A ニンジン・タマネギ（すりおろし）……各大さじ2
オリーブオイル……大さじ3
酢……大さじ1と1/2
砂糖……小さじ1
塩……小さじ1/2
コショウ……少々

■ 作り方

1. ジャガイモは1cm厚さの輪切りにする。ニンジンは5mm厚さの輪切りにする。
2. ブロッコリーは小房に分け、茎は皮を厚くむき、縦に2～4等分してから1.5cm角に切る。ソーセージは縦に1本切り目を入れる。
3. 大きめのフライパンに①と水200mlを入れ、ふたをして強めの中火で4分ほど蒸す。ジャガイモに竹串を刺してすっと通ったら②を加え、ふたをして強めの中火のまま3分ほど蒸して水けをとばす。
4. 器に盛り、Aを混ぜ合わせてかける。

ブロッコリーの甘みが引き立つ

ブロッコリーのフリット

■材料（4人分）

	ブロッコリー	1個（300g）
	サワラ	2切れ（200g）
	ちくわ	1本（30g）
A	酒	小さじ1
	塩	小さじ1/3
	コショウ	少々
B	薄力粉	1と1/2カップ（165g）
	片栗粉	1/5カップ（25g）
	ビール	200mℓ
	粉チーズ	1/4カップ（23g）
	塩	小さじ1/3
C	塩・カレー粉	各少々
	揚げ油	

■作り方

1. ブロッコリーは小房に分け、茎は皮を厚くむき、縦に2～4等分してから1cm角に切る。サワラは3等分し、Aをまぶす。ちくわは穴にブロッコリーの茎を詰め、3～4等分の斜め切りにする。
2. ボウルにBを順に入れて混ぜ合わせ、①を加えてからめる。
3. フライパンに揚げ油を2cm深さに入れて170℃に熱し、②を入れる。ブロッコリーは3～4分、サワラとちくわは2～3分が目安。最後に温度を180℃に上げてカラッとさせる。
4. 器に盛り、Cを混ぜ合わせてふる。

エダモンのもったいないモン

大きいブロッコリーは小さく刻んで、つくだ煮に。これなら茎の皮の部分も食べられます。ご飯のお供、うどんやチャーハンの具にしても、豆腐にのせてもおいしいよ！

大きくなりすぎたら

ブロッコリーのつくだ煮

■材料（作りやすい分量）

	ブロッコリー	600g
	ちりめんじゃこ	50g
	赤トウガラシ	1本
A	酒	100mℓ
	しょうゆ	80mℓ
	みりん	30mℓ
B	酢	小さじ1
	塩	少々

■作り方

1. ブロッコリーはざく切りにし、茎は皮を厚くむき、縦に2～4等分してから4～5mm角に切る。皮は2～3mm角に切る。トウガラシは刻む。ちりめんじゃこはさっとゆでて塩けを抜く。
2. 鍋にAと水200mℓを入れ、①を加えて弱火で10～15分煮つめる。最後にBを加えて火を止める。あら熱が取れたら保存容器に入れる。

●冷凍室で1か月ほど保存OK

釜揚げうどんに、ブロッコリーのつくだ煮、卵黄、細ネギをのせ、だしじょうゆを回しかけて、からめながら食べるとウマイ！

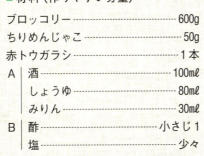

食べてみんしゃい！うまかタマネギ

佐賀県 白石町《しろいしちょう》（JAさが管内）

全国２位の生産量を誇る佐賀県のタマネギ。その生産量の半分以上が白石町でつくられる

白石町は面積の約九割が平地で、農業がとても盛んな地域です。有明海に面しているので、ミネラルをたっぷり含んだ粘土層に恵まれ、これがタマネギ栽培にぴったり。極早生《ごくわせ》の「さが春一番たまねぎ」は、まぶしいほどの白さとみずみずしさが自慢です。

「ここには、私が生後三か月のとき親父が入植して、有明海を干拓しながらタマネギ栽培を始めよった。この畑も昔は海でね。五十センチ掘ったら貝殻が出てくる」と教えてくれたのは、山口俊正さん。十七歳の頃から畑を手伝っていたというタマネギ作りのプロフェッショナルです。

「ここらのタマネギは、真ん丸と大きくなったのが上等ばい」と俊正さん。新タマネギは、地面をシートで覆うマルチ栽培やビニールをかぶせるトンネル栽培にすることで、生育が早まり、病気を防げるので無農薬栽培も可能になりました。

「白石の新タマネギは、とにかくや

産地の食べ方

農家ごはん

「わー、肌ツヤツヤだぁ。タマネギは地中で大きくなると思ったら、違うんですね！」

新タマネギはまず「生」で！

タマネギのポン酢がけ

新タマネギ２個は、縦半分に切って薄切りに。辛みはほとんどないから、水にさらす必要はなし。器にふんわりと盛って、削り節適量をのせ、ポン酢じょうゆ少々を回しかける。

わらかくてとっても甘いの。よけいな手は加えんで、まずは〝生〟で食べてみて。パパッと薄く切って、お皿にこんもり盛ればできあがり。なんてことないひと皿だけど、今年も春が来たって実感できる」と、妻の清子さんもにっこり。

　シャリシャリとした歯ごたえと、フレッシュな甘さは、この時期だけの、ぜいたくな味わいです。

エダモンの タマネギ 旬レシピ

三～六月のタマネギは真っ白に輝く主役野菜として、食卓に登場させたくなります。生で新タマネギを堪能したあとは、〝ちょこっと加熱〟で新たなおいしさを引き出すことにいたしましょう。生とはまた違う甘さが、びっくりするほど出てきます。

新タマネギと豚肉のさっと煮

新タマネギとサクラエビのさっと炒め

タマネギの葉も使うよ

新タマネギと豚肉のさっと煮

■ 材料（4人分）

新タマネギ……3個（450g）
新タマネギの葉（あれば）……3個分
豚肩ロース薄切り肉……200g
A だし汁……1と1/2カップ
　酒・しょうゆ・みりん……各大さじ2
七味トウガラシ（好みで）……適量

■ 作り方

1. タマネギは1.5～2cm幅のくし形切りに、葉は4cm長さのざく切りにする。豚肉は食べやすい大きさに切る。
2. 鍋にAを入れて煮たて、①のタマネギと豚肉を加える。6、7分煮て、タマネギの葉を加え、葉がしんなりするまで3～4分煮る。
3. 器に盛り、七味トウガラシをふる。

テッパンの組み合わせ！

新タマネギとサクラエビのさっと炒め

■ 材料（4人分）

新タマネギ……3個（450g）
干しサクラエビ……1/4カップ
ニンニク（みじん切り）……1かけ分
塩……小さじ1/3
ナタネ油……大さじ2

■ 作り方

1. タマネギは1～1.5cm幅のくし形切りにする。
2. フライパンに油とニンニクを入れて火にかけ、香りがたってきたらタマネギを加え、塩をふって、つやが出るまで炒める。
3. サクラエビを加え、全体に混ぜ合わせて火を止める。

加熱するのは、あくまで「さっと」

エダモンのもったいないモン

新タマネギは水分が多いので、あまり日もちしません。ならば、新鮮なうちに甘酢漬けにしてしまいましょう。やわらかくて漬かるのが早い小さめのタマネギがおすすめ。

小さいもので

ちび玉ピクルス

■ 材料（作りやすい分量）

タマネギ（間引きタマネギなど小さめのもの）……500g
A 米酢……300mℓ
　砂糖……大さじ9
　塩……大さじ1
　昆布茶……大さじ1/2
　粒コショウ（あればローズペッパー）……小さじ1/2
レモン（輪切り）……5～6枚

■ 作り方

1. タマネギは、上から1/3のところまで十字に切り目を入れる。
2. 鍋にAを入れて煮立て、砂糖が溶けたら火を止める。水300mℓとレモンを加え、全体になじませる。
3. 密閉容器に①のタマネギを入れ、②の漬け汁を注いでふたをし、冷蔵室に入れてひと晩ねかせる。
＊そのまま食べても。ゆでたタコやイカと合わせて酢の物に仕立てても。

● 冷蔵室で2週間ほど保存OK

島原のニンジンは甘さがちがう！

長崎県島原市（JA島原雲仙管内）

利泰さんと千松さんは、一度に２本抜きが当たり前

みごとに茂ったニンジンの葉が風にそよいでいます。雲仙岳のふもとに広がる島原市は、山と海に囲まれ、きれいな湧き水と肥沃で水はけのよい土壌が自慢です。土はふかふかで、力を入れなくてもニンジンがスポッと抜ける軟らかさ。

七年前に、収穫から葉切り、袋詰めまでのすべてをこなすニンジン収穫機を導入したので、手作業がぐっと減りました。「そのぶん、ニンジンの生育の研究に時間を割けるようになったとよ。身がやわらかくて甘く、割れにくい品種はどれか、毎年、数種類の種をまいて様子をみとる」と、ニンジン農家の酒井利泰《としやす》さん。

利泰さんが就農した直後に起こったのが、一九九一年の雲仙・普賢岳の大噴火でした。畑いちめんが灰をかぶった光景を忘れられないと言います。「農業がいかに自然に左右されるか、ようわかったと」。だからこそ、安定したよい作物を育てるために、栽培法や品種の選択、機械導

産地の食べ方

農家ごはん

2012 年に導入した収穫機。手作業だった一連の収穫作業が、この機械 1 台でできる

年中食べる酒井家の定番

よしえさんの常備なます

■ 作り方

ニンジン小 6 本（600g）とダイコン小 1 本（800g）はスライサーで薄切りにし、島原昆布（20cm長さ）はキッチンばさみで 0.5cm幅に切り、ポリ袋に入れる。塩大さじ 1 と 1/2、砂糖 150g、酢 90㎖を加え、袋の上からよくもんで、ひと晩おく。ニンジンは梅の型抜きで抜くと華やかに。

オレンジ色の五寸ニンジンが主流！

入による規模拡大など、父の千松《せんまつ》さんや地域の農家と意見交換し、創意工夫しながら進めてきました。

「子どもたちが、帰ってくると、みんなうちのニンジンを食べたがるとよ」と話すのは、妻の雅巳さん。サクサクの天ぷらやなますは酒井家の定番料理。鍋いっぱいに作るおでんにも、ニンジンをどっさり入れるのがお約束です。「なますは利泰の大好物でね。毎日のように食べるとさ」と、母のよしえさんが笑い、今日も家族の食卓はにぎやかです。

エダモンの ニンジン 旬レシピ

無人島になにか一つ野菜を持っていくなら、ニンジン。生でも火を入れてもおいしいし、腹もちもいい。なにより、ニンジンのビタミンカラーは見ているだけで元気が出ます！　ピリ辛炒めは、牛肉のうまみがからんでご飯がもりもり進む味に。

主役はニンジン！のごちそうおかず

ニンジンと牛肉のピリ辛炒め

■材料（4人分）

ニンジン……4本（600～700g）
牛こま切れ肉……300g
A　きび砂糖（または砂糖）……小さじ2
　　酒・みりん・しょうゆ……各大さじ2と1/2
B　白すりゴマ……大さじ2
　　コチュジャン（または一味トウガラシ少々）……大さじ1/2
　　ニンニク（すりおろし）……小さじ1
ゴマ油……大さじ1と1/2

■作り方

1. ニンジンは皮をむき、縦に4等分し、縦長の乱切りにする。牛肉は食べやすい大きさに切る。
2. フライパンにゴマ油を熱し、ニンジンを入れて色鮮やかになるまで中火で2～3分炒める。
3. 続けて牛肉を入れてほぐしながら炒め、肉の色が変わったら、Aを順に加えながらそのつど混ぜ合わせる。水分がとんで全体になじんだらBを加えて炒める。

シャキシャキ感を存分に

ニンジンとイカの酢じょうゆ漬け

■材料（4人分）

ニンジン………1本（150g）
干しスルメイカの胴………1枚（70g）
セロリ………1/2本（70g）
昆布（5cm角）………1枚
ショウガ（千切り）………10g
A｜薄口しょうゆ・米酢・水………各100mℓ
　｜赤トウガラシ（小口切り）………少々

■作り方

1. ニンジンは皮をむき、3～4cm長さ、5mm角の棒状に切る。セロリはすじを取り、ニンジンと同じ大きさに切る。スルメイカと昆布はキッチンばさみで細く切る。
2. ポリ袋に、①とショウガ、Aを入れて混ぜ、袋の上から手でもんで、1時間以上おく。

サラダ感覚で
食べてね

エダモンのもったいないモン

小さすぎるニンジンも形の悪いニンジンも、すりおろせば、問題なし。ご飯といっしょにピラフにして、小分け冷凍しておけば、小腹がすいたときに便利ですよ。

小さいものは

ピラフにして冷凍

■材料（作りやすい分量）

米（洗ってざるに上げておく）………3合
ニンジン………小1本（100g）
タマネギ………1/3個（70g）
間引きニンジン（あれば）………8本
ニンジンの葉（あれば）………少々
バター………10g
チキンコンソメ（顆粒）………小さじ1
塩………小さじ1/2

■作り方

1. ニンジンはすりおろす。タマネギはみじん切りにする。
2. 耐熱皿にタマネギを入れてバターをのせ、ラップをかけて電子レンジで2分半加熱する。
3. 炊飯器に米とチキンコンソメ、水520～540mℓを入れて混ぜ、①、②、間引きニンジンをのせて、ふつうに炊く。
4. 炊きあがったら10分ぐらい蒸らす。間引きニンジンを取り出し、塩を加えてさっくりと混ぜる。
5. 保存容器に200gずつ入れ、上に間引きニンジンとニンジンの葉を添えて、ふたをして冷凍室へ。

＊200gのキャロットピラフを解凍する場合は、電子レンジで3分半～4分加熱します。

●冷凍室で1か月ほど保存OK

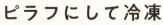

ニラで暑さを乗りきんベー

栃木県
鹿沼《かぬま》市
（JAかみつが管内）

JAかみつが鹿沼にら部のニラは、栃木県産の約3割の生産量を誇る

夜のうちに水をたっぷりと含んだニラは、朝になると、天をめざしてピンと立ち上がります。その根元を稲刈り鎌でサクッと刈ると、ポタポタとしたたるつゆが！

「このつゆがうまみと甘みのもと。早朝に刈り取れば、新鮮なうちに出荷できるんだ」と語る吉澤修一さんは、ニラ栽培を始めて五年めです。JAを早期退職して、妻の治子さんの父親からニラ栽培を教わりました。

「ニラは、株作りで決まるといっても過言ではないんだよ。いい株ができれば、刈り取ったあとに次々と新芽が伸びて、八回ぐらいはうんまいニラが収穫できる。丈が四十五センチほどになったら収穫時。刈ったらすぐに新芽が伸びて三十日ほどでまた収穫。今年のニラを作ると同時に、来季用の株も育てているので、両方に目配りするのが肝心なんだ」。おかげで、新鮮なニラを通年楽しむことができるのです。

栃木県の名物料理といえば、ハクサイがたっぷり入った宇都宮のギョウザですが、治子さんのギョウザは、ニラが主役。焼けた皮の下からニラのきれいな翡翠《ひすい》色がのぞいているのがわかりますか？　このヘルシーギョウザ、治子さんは、娘の里奈《りな》さんといっしょによく作るそうです。ニラがメインだから、いくつでも食べられます。

「うちはどんな料理にもニラをどっさり入れるね。ナムルや天ぷらも、うんまいよ」と教えてくれました。

わが家のギョウザはニラが主役

ニラたっぷりギョウザ

■作り方（25個分）

ボウルに豚ひき肉150g、ニンニク・ショウガのすりおろし各1かけ分、塩小さじ1、コショウ・砂糖・酒・ゴマ油・片栗粉各少々を入れてよく練り混ぜる。ニラ1束とキャベツ100gをみじん切りにしたものを加え、さらに混ぜ合わせて具を作る。具を25等分してギョウザの皮で包む。

■焼き方

フライパンにゴマ油大さじ1を熱し、いったん火を止め、ギョウザを放射状に隙間なく並べて火をつける。少し焼いてから水150mℓを注いでふたをし、弱火で蒸して水分をとばす。ふたを開け、ゴマ油少々を加え、パチパチと音がして皮に少し焦げ目がついたら火を止める。フライパンに皿をかぶせて、上下をひっくり返して皿に盛る。

エダモンの ニラ 旬レシピ

ニラは濃緑で肉厚の葉と深い香りが特徴ですが、熱を加えるとすぐに、しなっとなってしまいますよね。炒め物にするときは、加熱前のニラに油をまぶすのがポイント。火を通してもシャキシャキとした歯ごたえが残るし、色も艶やかに仕上がります。

シャキシャキの食感が
たまらない

ニラのトントマ炒め

パワフルな
歯ごたえ

■ 材料（4人分）

ニラ……2束（200g）
トマト……大1個（200g）
豚肩ロース薄切り肉……200g
ニンニク・ショウガ（各みじん切り）……各小さじ1
豆板醤……小さじ1/2～1
サラダ油……1/2カップ
A　しょうゆ・酒……各小さじ1
　　コショウ・ゴマ油……各少々
B　しょうゆ・オイスターソース……各小さじ2
　　鶏がらスープの素（顆粒）……小さじ1弱
　　水……大さじ2
ゴマ油　片栗粉

■ 作り方

1. ニラは4～5cm長さに切り、ゴマ油少々をまぶす。トマトは一口大の乱切りにする。
2. 豚肉は食べやすい大きさに切り、Aをもみこんで5分おき、片栗粉適量をまぶす。
3. フライパンにサラダ油を入れて170℃に熱し、豚肉を入れて両面を焼き、色が変わったら皿に取る。Bは混ぜておく。
4. フライパンに油大さじ1を残し、ニンニク、ショウガを炒める。香りが立ってきたら豆板醤を加えて混ぜ、豚肉とBを加えて炒める。
5. ニラとトマトを加え、強火で手早く炒め合わせる。

ゴマ油をからめて歯ごたえよく

とろっとした黄身が最高！

ニラと半熟卵のみそ汁

■材料（4人分）

ニラ……1束（100g）
卵……4個
だし汁……5～6カップ
みそ……大さじ4

■作り方

1. ニラは食べやすい長さに切る。
2. 鍋にだし汁を入れて温め、卵を1個ずつ割り入れる。
3. 3～4分したら、みそを溶き入れ、ニラを加える。ひと煮たちしたら火を止める。

エダモンの
もったいないモン

ニラの根元には、疲労回復効果が高いといわれる成分が豊富に含まれています。刻んで、しょうゆに漬けると、うまみと栄養がしみ出した絶品だれに。

根元で

ニラのしょうゆ漬け

■材料と作り方（作りやすい分量）

洗ったニラの根元1カップ分は1cm長さに切る。保存容器にニラを入れ、しょうゆ3/4カップ、ゴマ油大さじ1、米酢大さじ2～3を加えて混ぜ、30分以上おいてなじませる。
＊冷ややっこのトッピング、刺し身、蒸し焼きにした魚、豚肉の冷しゃぶのたれなどに。卵かけご飯にかけても。
●冷蔵室で2か月ほど保存OK

この部分も捨てずに使おう

会津のインゲン あがらんしょ

福島県
会津美里町《あいづみさとまち》
（ＪＡ会津よつば管内）

いちど豆のさやがつきだしたら１か月ぐらい収穫できる

山々に囲まれた会津地方。わらを鋤《す》き込んだふかふかの土と地下水でていねいに育てられたインゲンは、いま、会津の特産品となっています。

早朝、迎えてくれたのは、インゲン農家の二瓶《にへい》浩さん・都志子さん夫妻と、息子の和浩さん、母の花江さんと孫の由衣ちゃん。由衣ちゃんは、繁忙期になると収穫を手伝ってから小学校に行くそうで、この日も慣れた手つきでインゲンをもいでいました。「手伝ってくれて、助かるんだ」と浩さんもうれしそうです。

インゲンの栽培は、四十年前に花江ばあちゃんが始めました。「毎年が試行錯誤でたいへんだったけんじょ、好きだからやんべーってがんばれた。ちっとも苦になんねえよ」。今も種まきから収穫、箱詰めまで、花江ばあちゃんが中心です。都志子さんも「インゲンは、ばあちゃんしだいだ」と、全幅の信頼を寄せています。生産者の高齢化が進むなか、

産地の食べ方

農家ごはん

小学生・由衣ちゃんの大人並みの働きぶりにびっくり!

二瓶家のご飯のお供に欠かせない

インゲンの素揚げ

インゲンは手でもぐので、最盛期は人手が欠かせない

■ 作り方

インゲンを5〜6分かけてじっくり揚げる。塩、コショウや焼き肉のたれ、ニンニクじょうゆなどをつけながら食べる。

「ひ孫といっしょに農作業ができるなんて、これもインゲンのおかげだ」と、花江ばあちゃんは作業の手を休めずにほほ笑んでいました。

「インゲンの魅力を味わうならこれ」と、都志子さんが作ってくれた素揚げ。「油との相性がよくて、甘みが半端ないから。よく育った太めのものを、時間をかけて揚げるの。ほら、こういうふうにしわしわになるとバッチリ!」。そのままつまんでも、いろいろなたれにつけてもおいしくて、いくらでも食べられます。

エダモンの インゲン 旬レシピ

インゲンは、私の家でも常備菜。素朴で深い味わいが大好きなんです。作ったのはインゲンがたっぷり食べられる和と洋の煮物。和の煮物は、がんもどきと油揚げを両方入れました。二つのうまみをインゲンが吸って、絶品ですよ。

わー、いつもと違う香り～

冷やして食べてもおいしい

インゲンとがんもどきの煮物

■ 材料（4人分）

- インゲン …… 400g
- がんもどき …… 小4個（160g）
- 油揚げ …… 2枚
- A
  - だし汁 …… 400mℓ
  - 薄口しょうゆ・みりん …… 各大さじ3と1/2

■ 作り方

1. インゲンはへたを取る。
2. 油揚げは1cm幅に切り、がんもどきと共に熱湯にくぐらせて油抜きをする。
3. 鍋にAを入れて煮たて、インゲンを加える。ふたたび煮汁が沸騰したら、①を加え、沸騰したら落としぶたをして中火で20分ほど煮る。

チーズが入ってコクたっぷり！

インゲンと肉だんごのトマト煮

■ 材料（4人分）

インゲン……400g
ミニトマト（へたを取ったもの）……12個
タマネギ（みじん切り）……小1個分（150g）
卵……1個
パン粉……1カップ
ニンニク（つぶしたもの）……2かけ分
ピザ用チーズ……60～80g

A
合いびき肉……400g
塩……小さじ2/3
コショウ・ナツメグ……各少々

B
トマト（乱切り）……大1個分（250g）
チキンコンソメ（固形）……1個
トマトケチャップ……大さじ2
砂糖……小さじ1
塩……小さじ1/2

ナタネ油（またはサラダ油）　コショウ

■ 作り方

1. 耐熱皿にタマネギを入れ、ラップをかけて電子レンジで3分加熱して冷ます。
2. インゲンはへたを取り、半分の長さに切る。
3. ボウルにAを入れて練り、卵を加えて粘りが出るまで練る。①とパン粉を加えてざっと混ぜ、16等分して丸める。
4. フライパンに油少々を熱し、③を入れて表面を焼く。
5. 大きめの鍋に油大さじ2とニンニクを入れて炒め、香りが出てきたら、②とBを加えて炒める。④をのせ、ふたをしないで中火で20分ほど煮こみ、ミニトマトを加えて5分ほど煮る。
6. 仕上げにチーズを加え、コショウで味をととのえる。

エダモンのもったいないモン

曲がったインゲンを細かく刻んで加工品に。
夏らしく薬味もたっぷり加えました。
ご飯にまぜたり、冷やっこのトッピングにも。

インゲンみそで味付けしたチャーハン。目玉焼きをのっけて豪勢に

曲がったものは

インゲンみそ

■ 材料（作りやすい分量）

インゲン……500g

A
ショウガ（みじん切り）……30g
青トウガラシ（小口切り）……2本

B
酒・みそ……各大さじ4
みりん……大さじ2

粉ザンショウ……小さじ1/2
ナタネ油（またはサラダ油）

■ 作り方

1. インゲンはへたを取り、5～6mm幅の小口切りにする。
2. 鍋に油大さじ3とAを入れて中火で熱し、香りが出てきたらインゲンを加えて強火で炒め、Bを加えて水分がなくなるまで炒める。仕上げに粉ザンショウを加えて、さっと混ぜ合わせる。
3. バットに広げて冷まし、容器に入れて冷蔵室へ。

●冷蔵室で5日ほど保存OK

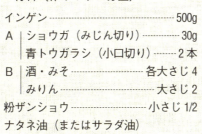

土佐のナスはまっことうまいぜよ

高知県
安芸《あき》市
（JA高知県管内）

主な栽培品種は『竜馬』。実つきがよく、まろやかな甘みが特徴

高知県の東部に位置する安芸市は、海、山、川の自然に恵まれたナスの一大産地。皮も実もやわらかくてみずみずしい口当たりが自慢です。

ナス農家の尾木《おぎ》さんのハウスにやって来ました。尾木さん一家は、およそ四千六百三十六平方メートルのハウスを所有し、浩子さん、満さん夫妻、長男の良多さんがそれぞれ自分のハウスを担当してナスを栽培しています。広い面積のハウスを三人で切り盛りできるのは、高知県で盛んな「天敵農法」のおかげです。

ナスにダメージを与える害虫を食べる天敵昆虫をハウスに入れると、農薬の代わりに害虫を防除してくれます。これが「天敵農法」。天敵となる昆虫は、昔から高知県に生息していたタバコカスミカメ。その名のとおり、タバコの葉の害虫でした。「灯台下暗し、とはこのことぜよ」と満さん。試行錯誤を経て、いまや高知県は天敵昆虫導入率全国1位！

産地の食べ方

農家ごはん

食べごろのナスを家族が力を合わせて収穫

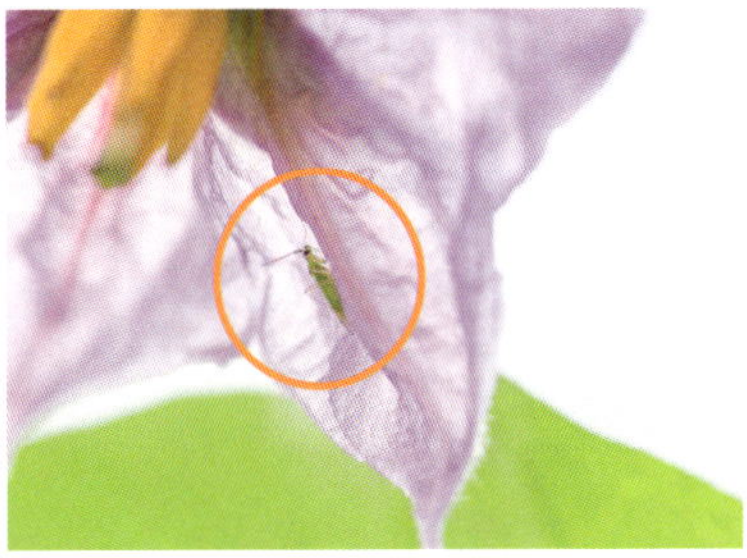

ナスを食害するコナジラミなどの害虫を捕食するタバコカスミカメ。ゴマを与えて、飼育する

仕上げは土佐のゆずポンで！

ナスのたたき

自然界の巧みなシステムを活用した土佐のナスは、安全・安心な「エコシステム栽培」として高い評価を得ています。害虫の駆除に天敵昆虫を使ったことで、手間と時間が節約でき、コストの削減もできました。

「高知といえばカツオのたたきやけど、ナスだって名産やき。そんなら、ナスのたたきを作っちゃろーって」と浩子さん。農家の主婦たちが考案したナスのたたきは、地元で大人気。揚げナスのとろりとした食感、薬味とユズの味がからんだふくよかな味わいに、ほっぺは落ちる寸前！

■作り方

ナス4本はへたとがくを取り、斜め1cm幅に切る。180℃に熱した揚げ油で色よく揚げて油をきり、皿に並べる。アジ1尾はこんがり焼いて骨と皮を取り除き、身を細かくほぐして、ナスの上にちらす。その上に、ショウガと青ネギのみじん切り、青ジソとミョウガの千切りをちらす。香味野菜はたっぷりがおいしい。仕上げにゆずポン酢を回しかければ、できあがり。

ナスは油との相性が抜群！　ナスはその姿がとてもかわいいので、形を生かしたまま肉をギュギュッと詰めて肉詰めフライを作りました。もう一品は、すぐにできる電子レンジ料理。加熱したあとラップのまま冷水につけると、ナスが水っぽくならず、きれいな翡翠色に仕上がります。

ナスのへたの方までしっかりと肉だねを詰める

むいた皮も揚げて、栄養も丸ごと

ナスの肉詰め太っちょフライ

■ 材料（6個分）

- ナス……6本（600g）
- タマネギ（みじん切り）……1/2個分（80g）
- A
  - 合いびき肉……500g
  - 塩……小さじ1/2
  - コショウ……少々
- 卵……1個
- パン粉……3/4カップ
- B
  - 溶き卵……1/2個分
  - 水……大さじ1～2
  - 薄力粉……1/2カップ
- 塩　パン粉　揚げ油　ミズナ
- パプリカ　中濃ソース

■ 作り方

1. 耐熱皿にタマネギを入れ、ラップをかけて電子レンジで3分加熱し、冷ます。
2. ボウルにAを入れて混ぜ、卵を溶いて加え、粘りが出るまで練る。①とパン粉を加えてざっと混ぜ、6等分しておく。
3. ナスはへたを残してがくを切り、ピーラーで皮をむく（皮は取っておく）。800mℓの水に塩大さじ1を溶いた塩水に3～4分つける。
4. ナスは縦十字に切り込みを入れ（へたは切らない）、かるく広げて②の肉だねをへたの方までしっかり詰めて形を整える。これを6個作る。
5. ボウルにBを入れて混ぜ、④の表面にまぶしつけ、パン粉をまぶし、おさえて形をととのえる。
6. 170℃に熱した揚げ油で6～7分かけてこんがりと揚げる。ナスの皮は素揚げにする。
7. 食べやすく切ったミズナ、薄切りにしたパプリカ各適量と、⑥を器に盛り合わせ、ソース適量をかける。

とても仲のよい尾木家
のみなさんと。

きれいな
翡翠色！

ゴマだれで
めしあがれ！

ナスのレンチン蒸し

■材料（4人分）

ナス……4本
A 白練りゴマ……大さじ2
　きび砂糖……小さじ2
　昆布茶……小さじ1/2
　塩・水……各少々
塩　ミョウガ（薄切り）

■作り方

1. ナスはへたとがくを取り除いて、ピーラーで皮をむく。800mlの水に塩大さじ1を溶いた塩水に3～4分つける。
2. ①の水けをきって1本ずつラップにくるみ、電子レンジで4分加熱する。ラップのまま氷水につけて冷まし、水から上げてラップを外す。水けをきって縦に4等分して、さらに半分の長さに切る。
3. ボウルにAを入れて混ぜ、ゴマだれを作る。
4. 器にナスを盛り、ゴマだれをかけて、ミョウガ適量を添える。

エダモンの
もったいない
モン

刻んでピリ辛に味つけすれば、万能みそに早変わり！
ご飯にのせたり、おにぎりの具にしたり。
冷ややっこにもバッチリですよ。

ふぞろいのものは

ナスみそ南蛮

■材料（作りやすい分量）

ナス……500g
A サラダ油（またはナタネ油）・
　　ゴマ油……各大さじ2
　ニンニク・ショウガ
　　（ともにみじん切り）……各小さじ2
青トウガラシ（小口切り）……2～3本分
B 酒・みそ……各大さじ3
　みりん……大さじ1～2
削り節……5g

■作り方

1. ナスは皮に1本切り込みを入れ、魚焼きグリルで10～15分焼く。あら熱を取ってへたとがくを取り除き、皮をむいて1cm角に切る。
2. フライパンにAを入れて火にかけ、香りが出てきたら青トウガラシを加えて混ぜ合わせる。
3. ナスを加えて炒め、Bを加えてよく混ぜ合わせたら、弱めの中火で15分ほど煮つめる。
4. 仕上げに削り節を指でもみながら加えて、さっと混ぜ合わせる。あら熱が取れたら、保存容器に入れて冷蔵室、または冷凍室へ。

●冷蔵室で10日ほど、冷凍室で1か月ほど保存OK

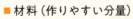

愛知県
設楽町《したらちょう》
（JA愛知東管内）

トマト丸ごといただきます！

金田さんが栽培している品種は『りんか409』。肉質がしっかりしていて日もちがよく、1個220～240gある

設楽町は、愛知県の奥三河に位置する自然豊かな町。この地で育ったトマトは、大ぶりで真ん丸。がぶりとかじれば、ジューシーなうまみが口の中いっぱいに広がります。「このトマトは、枝がしっかりしていて病気にも強いし、実の数も多いんだ」と教えてくれたのは、トマト栽培歴三十三年の金田百人《かなだももと》さん。

百人さんが土耕栽培からロックウールによる水耕栽培に切り替えたのは、平成六年のこと。「土耕栽培だと連作障害が出るし、夏に植え替える必要があるけれど、ロックウールなら一度植えたら、五月から十二月まで実がなるだで」。

茂った葉をめくると、赤くなり始めたトマトが顔をのぞかせます。「トマト栽培は重労働だけど、作業の前にこのジュースをぐびっと飲めば、元気が湧いてくるの」と、妻のくみ子さんが教えてくれたのが、毎晩作るトマトジュースです。

「わたしは、レモン汁を加えて飲むのが好き。疲れが取れるし、熱中症対策にもなるでね」。ジュースに加えて、トマトを一日に五、六個は食べるという大のトマト好きです。「トマトは加熱すると、体内に吸収できるリコピンが増えるって聞いたので、ジュースも加熱するの。そうすれば傷みにくいし、リコピンもとれるしで一石二鳥じゃんねー。毎日飲んでいるせいか、しみができにくい気がするで」と話すくみ子さんのお肌は確かにツルピカ。これぞトマトの効果かもしれません。

産地の食べ方

農家ごはん

4棟のトマトハウスを切り盛りしている百人さんと妻のくみ子さん。二人の元気の源は、このトマトジュース

暑い日に飲むのが最高！

疲労ぶっ飛び トマトジュース

■ 作り方（作りやすい分量）

トマト大5個（1.2kg）はへたを取り、ざく切りにする。鍋に入れて強火にかけ、へらでくずしながら混ぜる。とろとろになったら火を止めて、5分冷ます。ざるでこしていったん皮を除き、さらにみそこし器などでこす。再び鍋に入れて中火にかけ、煮たったら火を止める。あら熱が取れたら保存容器に入れて冷蔵庫へ。飲むときにレモン汁を搾ると、さわやかな味わいに。

火にかけることで保存性を高める

ざるでこした後、さらにこし器でこして舌ざわりよく

エダモンの トマト 旬レシピ

トマトの姿かたちを生かした料理を紹介します。完熟したトマトをじっくり焼いて甘みとコクを出したトマトバーガーは、食べごたえ満点！　冷やしトマトのおすましは、トマトをだしにひと晩つけて、うまみをしっかり引き出します。

丸ごと１個を豪快に！

トマトバーガー

■ 材料（4人分）

トマト……大４個（約880g）
豚ひき肉……300g
タマネギ（みじん切り）
……1/2個分（100g）
ニンニク（みじん切り）……１かけ分
A　酒・しょうゆ……各大さじ３
　　コショウ……少々
B　レタス（ざく切り）……3、4枚
　　カイワレダイコン
　　（半分に切ったもの）……適量
サラダ油　オリーブオイル

■ 作り方

1. トマトは横半分に切り、両方の断面に格子状に薄く切り込みを入れる。
2. フライパンにサラダ油大さじ１とニンニクを入れて弱火にかけ、香りが立ってきたらタマネギ、ひき肉を順にを加えて、肉に火が通るまで炒める。Ａを加えて炒め、水けがなくなったら皿に取る。
3. フライパンをさっと拭き、オリーブオイル大さじ１を入れて熱し、トマトの断面を下にして並べる。焼き色がつくまで強めの中火で２～３分焼く。さらに裏返して２～３分焼く。
4. Ｂをそれぞれの器に1/4量ずつ盛り合わせ、焼きトマトの下半分をのせる。その上に②の1/4量をのせ、上半分の焼きトマトをのせる。

トマト・昆布・カツオの
うまみ三重奏

冷やしトマトのおすまし

■ 材料（4人分）

トマト……大4個（約880g）
青ジソ（千切り）……8枚分
削り節……15g
A｜昆布（10cm角）……1枚
　｜水……1ℓ
　｜塩……小さじ1
オリーブオイル
粗びき黒コショウ

■ 作り方

1. トマトはへたをくりぬき、反対側に十字に浅く切り込みを入れる。熱湯に入れて、皮が少しむけてきたら氷水に取り、皮をむく。
2. 大きめのボウルにAと①のトマトを入れ、冷蔵庫でひと晩おく。
3. 器にトマトを1個ずつ盛り、つけ汁をこして注ぐ。青ジソをのせ、オリーブオイル少々をたらして、黒コショウ少々をふる。

夏ばてに
おすすめだモン！

氷水につけると、
ペロンときれいに
皮がむける

エダモンの
もったいない
モン

形が悪かったり、割れ目があったりするトマトは、
エダモン特製〝梅ケチャ〟に。梅干し入りで、コクがあるのにさっぱり。
肉じゃがに加えたり、フライのソースにしてもいけますよ。

割れたトマトで

梅ケチャ

■ 材料（作りやすい分量）

トマト（割れたもの）……1kg
梅干し（種を除いたもの）
……大4個（30～40g）
A｜タマネギ（すりおろしたもの）
　｜……大さじ6
　｜ニンニク（すりおろしたもの）
　｜……小さじ2
　｜砂糖・酢……各大さじ1
　｜塩……小さじ1

■ 作り方

1. トマトは湯むきをして2～3cm角に切る。梅干しはたたいて細かくする。
2. フライパンに①とAを入れて強めの中火にかけ、ときどき混ぜながら、汁けがなくなるまで15～20分煮つめる。
3. あら熱が取れたら、保存容器に入れて冷蔵室へ。

●冷蔵室で10日ほど保存OK

うめっちゃが！ぴかぴかのズッキーニ

宮崎県高鍋町（JA児湯《こゆ》管内）

温暖な気候で育つズッキーニは、ぷっくりと太って、味わい豊か。なかでも、味がいいと評判の高鍋町のズッキーニ

ズッキーニ農家の黒木重雄さんは、まだズッキーニが珍しかった三十年ほど前に栽培を始めました。「この地域で新しい特産野菜を作ろうと、ズッキーニ栽培の試作が始まったのは昭和五十三年ぐらいだったかな。私が始めた頃は、レストランで使われる高級野菜で、一本千円で取引されたこともあっちゃが」と懐かしそうに語ります。

パンッと張ったすべすべした肌。むっちりとした曲線に沿った光沢。黒木さんのズッキーニは、見目麗しい姿と存在感がみごと！ それは、苗の植えつけから授粉、収穫まですべて手作業でおこなうからです。

「おいしいズッキーニは、授粉や収穫のタイミングがとてもたいせつ。時間との闘いなんだ」。ズッキーニはあっという間に生長します。「授粉して早いと四日、遅くても一週間で収穫できるっちゃが。日照や気温、湿気の影響で生長が変わるから、どれだけ収穫できるかは、その日にな

「健康を考えて、週に一度はこのベジパスタ。これなら、たっぷり食べられるよー」と城さん

黒木さんは、20aのビニールハウスで、2200株のズッキーニを栽培している

らんとわからん」と黒木さんが言えば、「最盛期は百八十箱ぐらいはいくね」と妻の育子さん。

「ズッキーニはくせがないから、どんな料理にも合う。洋食だけじゃなく、みそ汁や湯豆腐、鍋物に入れてもうめっちゃが」。黒木さんの友人、城《しろ》惣七さんは、ズッキーニの栽培を始めて五年。以前は、そば店を営んでいたほどの料理上手です。その城さんが考案したベジパスタの作り方を教えてもらいました。

色がきれいで歯ごたえシャキシャキ

ズッキーニのベジパスタ

しなっとするまで炒める

■ 作り方（作りやすい分量）

ズッキーニ2本（400g）は両端を落とし、スライサーで縦長の細切りにする。中華鍋にオリーブオイル大さじ1とニンニクの薄切り1かけ分を入れて火にかけ、香りが出たらズッキーニを加えて炒める。ミートソースをかけて食べる。

■ ミートソースの作り方（作りやすい分量）

鍋にオリーブオイル大さじ1とニンニクのみじん切り1かけ分を入れて火にかけ、香りが出てきたら、合いびき肉200gを加えて炒める。肉の色が変わったら、みじん切りにしたタマネギ1個（200g）、ニンジン1/2本（70g）、生シイタケ4枚（80g）を入れて炒め、湯むきしたトマト中4個（600g）を粗みじん切りにして加え、ざっくり混ぜる。弱火にしてコンソメスープの素（固形）1個、塩少々を入れて30分ほど煮こむ。

エダモンの ズッキーニ 旬レシピ

甘酢漬けはたくさん作って、麺だけでなく、揚げ鶏にかけると宮崎名物チキン南蛮に！　みそ炒めは、電子レンジでパパッと作れるようにしました。やわらかいズッキーニと、ポクポクとした歯ごたえのズッキーニ、二つの食感を楽しんで！

甘酸っぱさで夏ばて解消！

ズッキーニの甘酢漬け冷麺

■材料（4人分）

ズッキーニ（緑・黄）……各1本（400g）
そうめん……6束（300g）

A
- しょうゆ・酢……各大さじ2と1/2
- 砂糖……大さじ1と1/2～大さじ2
- 鶏ガラスープの素（顆粒）……小さじ1
- 赤トウガラシ（小口切り）……1/2～1本分

B
- タマネギ（薄切り）……1/2個分（100g）
- ツナ缶……小1缶（70g）

■作り方

1. ズッキーニは両端を切り落とし、長さを4等分し、7～8mm角の棒状に切る。
2. ボウルに水大さじ3とAを入れてよく混ぜ合わせる。
3. 耐熱皿に①を並べ、ラップをかけて電子レンジで2分加熱する。熱いうちに②のたれに入れてBを加え、20分以上つけ込む。
4. そうめんはゆでて流水でよくすすぎ、水けをきる。
5. 器にそうめんを盛り、③をつけ汁ごとかける。

●甘酢漬けは冷蔵室で3～4日ほど保存OK

多めに作っておくと便利な甘酢漬け

甘じょっぱい味がくせになる

ズッキーニと鶏肉のみそ炒め

■ 材料（4人分）

ズッキーニ……2本（400g）
鶏もも肉……大1枚（300g）
カボチャ……1/6個（150g）
ショウガ（千切り）……10g
だし汁……150mℓ
A　みそ・みりん……各大さじ2～3
　　砂糖……大さじ1/2
バター……15g
塩　コショウ　粉ザンショウ
米油（またはサラダ油）

■ 作り方

1. ズッキーニは1cm厚さの輪切り、カボチャは1cm厚さのくし形切りにする。耐熱皿に並べ、ラップをかけて電子レンジで2分30秒加熱する。
2. 鶏肉は余分な脂を除き、10～12等分する。フライパンに油大さじ1とショウガを入れて火にかけ、香りが出てきたら鶏肉の皮目を下にして入れ、3分ほど焼く。裏返して肉の色が変わったら、塩、コショウ各少々をふって皿に取る。
3. ①のズッキーニをフライパンに並べ、両面に焼き色がつくまで2分ずつ焼く。
4. ②の鶏肉とAを加えてふたをし、汁けがなくなるまで弱火で3分ほど煮る。①のカボチャ、バターを加えて味をなじませる。
5. 器に盛り、好みで粉ザンショウ少々をふる。

エダモンの もったいない モン

じつは、ズッキーニの花は食べられるんですよ。
雄花や雌花をこんなにおしゃれなフリットにしてみませんか。

これが ズッキーニの花。かわいいでしょ！

花で

花ズッキーニのフリット

■ 材料（作りやすい分量）

ズッキーニの花……12～16個
木綿豆腐……1/3丁（100g）
A　鶏ひき肉……200g
　　卵……小1個
　　タマネギ（みじん切り）……1/4個分（50g）
　　鶏ガラスープの素（顆粒）……小さじ1/3
B　薄力粉……大さじ5
　　炭酸水……大さじ4～5
　　片栗粉……小さじ1
　　ベーキングパウダー……小さじ1/3
　　塩……少々
揚げ油

■ 作り方

1. 豆腐は水きりする。
2. ボウルに豆腐とAを入れてよく練り混ぜ、12～16等分して丸める。
3. ズッキーニの花に②の肉だねを詰める。
4. 別のボウルにBを入れて混ぜ、③の花を1つずつくぐらせて衣をつける。
5. 170℃に熱した揚げ油で4～5分かけてゆっくりと揚げる。

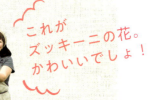

朝露の恵み 嬬恋の夏秋キャベツ

群馬県 嬬恋《つまごい》村
（ＪＡ嬬恋村管内）

キャベツのみずみずしさは朝露のおかげ

浅間山麓に広がる嬬恋村は、夏《か》秋《しゅう》キャベツの出荷量が日本一！　収穫シーズンになると、毎日、深夜から午前中いっぱいかけて収穫がおこなわれます。

　暗闇に浮かぶのは、地面を覆い尽くすかのように育ったキャベツ。外葉をめくると、パツパツに実った丸いキャベツが顔をのぞかせます。畑を照らす投光機とヘッドライトの明かりを頼りに、さっそく収穫開始！

　先陣を切るのは、キャベツの根元を切って畑に並べる人。それを選別しながら段ボール箱に次々と詰める二番手。箱がたまってきたらトラクターに積み込み、近くの集荷所に運ぶ三番手。みんなで役割分担しながら収穫していくうちに、空がしだいに明るくなっていきます。

「キャベツの生育に最適な気温は、十五～二十度ぐらい。これは嬬恋村の六～九月の平均気温とほぼ同じなんだ。しかも、昼と夜の気温差が大きいから、早朝に収穫すると朝露が

午前2時から
作業してまーす

午前４時、浅間山がうっすらと見え始める。それでもなお収穫作業は手際よく続く

いっぱい含まれる。これが、嬬恋のキャベツがやわらかくて甘くなる秘密だよ」と、キャベツ農家の滝沢厚男さんが教えてくれました。

収穫中のキャベツの品種は『初恋』。その昔、日本武尊《やまとたけるのみこと》が〝わが妻恋し……〟と叫んだという伝説の嬬恋村ならではの名前ではありませんか！　滝沢さん夫妻の息もぴったりと合っています。妻の満里さんがキャベツ栽培を手伝い始めてから七年がたちますが、その働きっぷりといい、上達の早さといい、さすがのひと言。最近、トラクターを運転するための免許も取ったそうです。おかげで、「キャベツ作りが少しは楽になる」と厚男さんはにっこり。今も満里さんに〝初恋〟状態なのも納得です。

「キャベツは、作るのも食べるのも大好き。キャベツ農家のみんなとレシピを考えていて、これもその一つ。キャベツがどっさり食べられるし、肉種を穴に詰めるだけだから簡単でしょ」

満里さんが作ってくれたのは、キャベツを丸ごと煮こんだ料理。中には肉種がたっぷり。野菜も加えるので、鍋一つで栄養バランスもバッチリです。朝露の恵みで大きく甘く育ったキャベツをダイナミックに味わう、究極の地元めしでした。

収穫したそばから、次々と箱詰めされ、トラクターで運ばれていく

滝沢厚男さん、満里さん夫妻

産地の食べ方

農家ごはん

中には肉だねがたっぷり

肉詰めキャベツの丸ごと煮こみ

■ 材料（4人分）

キャベツ……大1個（約1.2kg）

A
- 合いびき肉……400g
- タマネギ（みじん切り）……1/2個分（100g）
- ミックスベジタブル……30g
- 塩・コショウ……各少々

B
- コンソメスープの素（固形）……3個
- ニンニク（薄切り）……2かけ分

C
- トマト缶（カット）……1缶（400g）
- トマトケチャップ……大さじ5
- 塩・コショウ……各適量

ジャガイモ（小）　ニンジン　ブロッコリー

■ 作り方

1. キャベツは芯と外葉1枚を取り、リンゴの芯抜きなどで肉種が入る大きさに中身をくりぬく。芯と外葉は取っておく。
2. ボウルにAを入れ、よく練りながら混ぜる。
3. キャベツの穴に②の肉種をゴムべらで少しずつ押しこみながら詰め、キャベツの芯でふたをする。
4. 鍋にキャベツの外葉を敷き、③のキャベツを芯を下にして入れる。水800mlとBを加え、ふたをして中火にかける。
5. 沸騰したら、ジャガイモと乱切りにしたニンジン各適量を加え、ふたをして弱火で25分ほど蒸し煮にする。
6. キャベツがやわらかくなったらCを加えて混ぜ、ふたをして30分ほど煮こむ。最後にブロッコリー適量を加えて5分ほど煮る。

食べやすく切り分けて。キャベツを切ると、中からジューシーな肉種が

くりぬいた穴に肉種を詰める。

エダモンのキャベツ旬レシピ

キャベツたっぷりのキャベカツは、わたしの代表作といってもいいくらいよく作ります。肉と衣に挟まれたキャベツがすごく甘くなるんですよ！ バター蒸しは、キャベツのうまみをふんだんに引き出した上品な味に仕上げました。

肉より
キャベツが主役

キャベツとお肉の甘みで
食欲増進！

キャベカツ

■ 材料（4人分）

キャベツ……3～4枚（約200g）
豚肩ロース薄切り肉……350g
タマネギ……1/4個（50g）
A 薄力粉……大さじ5
　溶き卵……1個分
薄力粉　パン粉　揚げ油　塩　コショウ　中濃ソース

■ 作り方

1. キャベツは芯を除いて3×5㎝ぐらいに切る。タマネギは薄切りにして半分の長さに切る。
2. まな板に薄力粉少々を薄くふり、豚肉を縦長に広げる。手前にキャベツとタマネギを2～3㎝の厚さになるようにのせ、形を整えながら巻く。これを8～10個作る。
3. ボウルにAと水大さじ1～2を入れて混ぜ、②にからめて、パン粉適量をまぶし、形を整える。
4. 170℃に熱した揚げ油で4～5分かけてこんがりと揚げ、熱いうちに塩、コショウ各少々をふる。
5. 半分に切って器に盛り、中濃ソース適量をかける。

豚肉の手前にキャベツとタマネギをのせて巻く

上品な甘さに夢中！

キャベツとエビのバター蒸し

■材料（4人分）

キャベツ……小1個（約800g）
むきエビ（生）……200g
ジャガイモ……2個（300g）
バター……20g
A｜コンソメスープの素（顆粒）……小さじ1弱
　｜塩……小さじ1/2～2/3
塩　粗びき黒コショウ

■作り方

1. キャベツはくし形に10等分する。ジャガイモは1cm厚さの半月切りにする。エビは背わたを取り、塩水でよくすすいで水けを拭く。
2. 大きめのフライパンに水200mℓを入れ、ジャガイモを並べて、その上にキャベツを重ねる。全体にAをふり、エビ、バターの半量を加える。
3. ふたをして強火にかけ、沸騰したら中火にして、10分ほど蒸し煮にする。ジャガイモがやわらかくなったら、残りのバターと塩適量を加えて味をととのえる。
4. 器に盛って、コショウ少々をふる。

エダモンの もったいない モン

大きくなりすぎたキャベツをキムチにしてみました。
ハクサイのキムチよりも歯ごたえが楽しめますよ。
ご飯やビールのお供に、刻んでスープに入れてもうまいっす！

特大サイズで

キャベツキムチ

■材料（作りやすい分量）

キャベツ……特大1個（約2.5kg）
ニンジン……小1本（100g）
ニラ・細ネギ……合わせて100g
塩（キャベツの重量の1.5%）……大さじ3強
A｜しらす干し……50g
　｜ニンニク（すりおろし）……50g
　｜ショウガ（すりおろし）……40g
　｜リンゴ（すりおろし）……1/2個分（130g）
　｜粉トウガラシ(辛みひかえめなもの)……大さじ3～4
　｜昆布茶……大さじ2
　｜ゴマ油・きび砂糖……各大さじ1
米酢

■作り方

1. キャベツは6～8等分し、芯を除いて、一口大にちぎる。
2. ボウルに①を入れ、塩を加えて混ぜ合わせる。15分ほどおいて水けをきり、かるくもむ。
3. ニンジンは4cm長さに切り、縦に千切りにする。ニラと細ネギはそれぞれ4cm長さに切る。
4. 大きめのボウルにAを入れて混ぜ、②と③を加えて、よく混ぜながらもむ。10分ほどおいて塩(分量外)・米酢各適量と、辛みが足りなければ粉トウガラシ適量（分量外）を加えて味をととのえる。

●冷蔵室で2週間ほど保存OK

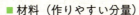

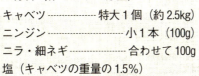

江戸っ子野菜のコマツナを食いねぇ！

東京都葛飾区（JA東京スマイル管内）

収穫は、恵一さんの両親の誠一さん・光江さんといっしょに。地域の小・中学校の給食用のコマツナも栽培する

プシュ！ポンプを使って根をきれいに洗う

コマツナは、東京生まれの東京育ち。江戸時代より庶民に広く愛されてきた歴史のある野菜です。ビニールハウスの中に入ると、みずみずしい甘い香りが。コマツナ農家の佐藤恵一さんが育てているのは、『優翠《ゆうすい》』という品種。風味がよく、繊維が少ないので、やわらかくて甘いんです。

「よく、野菜はいじめて育てると甘くなると言うけれど、コマツナはだいじに育てたほうが、甘くておいしくなるんだよ」と、恵一さん。長年

エダモンの コマツナ 旬レシピ

抜群の栄養価を誇るコマツナは、ぜひ生でも食べてほしい！ いろいろな青菜で試しましたが、コマツナがいちばんスムージーに向いていると思います。もともとアクが少ないので、リンゴと合わせると甘みが増してゴクゴク飲めますよ。

くせがないから飲みやすい

グリーンスムージー

■材料と作り方（4人分）

ミキサーにざく切りにしたコマツナ・リンゴ各300g、プレーンヨーグルト・水各1カップ（200g）、ハチミツ大さじ1と1/2を入れて、なめらかになるまでかくはんする。コップに注ぎ、ヨーグルト適量をのせる。

いただきまーす！

の勘を頼りに、外の気候に合わせて、ハウスの温度、水やり、風の当たり方などをこまめにチェックします。

畑でとったコマツナは、すぐに庭先の洗い場に運んで洗います。まず、かごごとザブンと水の中に入れて、引き上げたら、ポンプを使って水圧で根っこと茎を徹底的に洗います。根や茎をあらゆる角度から何度も洗うのが、恵一さんのこだわりです。「いいコマツナは茎がみっちり締まっているぶん、中の土がなかなか取れなくてね。料理に使うときに土が残っていてがっかりさせないようにするのも生産者の役目なんだ」

おかげでコマツナの根は、まぶしいばかりの白さです。「根の白さとしなやかさは、できのいい証拠。よくないのは、黄色っぽいんだよ」。厳寒期は手がしびれるほどの冷水ですが。冷水を浴びたコマツナは葉先から根の端までピシッと伸びて、水もしたたるいい姿。根付きで出荷することで、鮮度を保ちます。

加熱する場合も、下ゆで不要。チャーハンも蒸し煮も、鍋に材料を入れて一気に作れるお手軽さ。おいしさも抜群です。コマツナ一把を丸ごと使いきれるのもいいでしょ！ 和洋中、どんな料理にもなじむコマツナの懐の深さ、堪能してくださーい。

シャキシャキコマツナがどっさり

鶏肉とイカの蒸し煮

■ 材料（4人分）

コマツナ……2把（400～500g）
鶏むね肉……1枚（250～300g）
ヤリイカ……小3杯（250～300g）
酒、水……各50mℓ
A｜塩麹……大さじ2
　｜酒……大さじ1
塩

■ 作り方

1. 鶏肉は皮を除き、一口大のそぎ切りにする。イカはわたを抜いて皮をむき、5㎜幅に切り込みを入れてから、ぶつ切りにする。
2. ボウルに①とAを入れてよくもみ、20分以上おく。
3. コマツナはざく切りにし、茎と葉にわけておく。
4. 鍋に酒と水を入れて煮立て、コマツナの茎を並べ入れ、塩少々をふる。その上に②を並べ、コマツナの葉をのせる。
5. ふたをして強火にかけ、2～3分たったら弱火にして、8～10分蒸し煮にする。

パパッと作れちゃうよ

コマツナチャーハン

■ 材料（4人分）

温かいご飯 ---------- 600g
コマツナ ---------- 1把（200g）
溶き卵 ---------- 2個分
ちりめんじゃこ ---------- 40g
しょうゆ ---------- 大さじ1
塩 ---------- 小さじ1/3～1/2
サラダ油　コショウ

■ 作り方

1. コマツナは2cm長さに切る。
2. フライパンに油大さじ2を熱し、溶き卵を入れてふんわりしてきたらかき混ぜる。温かいご飯、じゃこ、コマツナ、塩を加えて炒め合わせる。
3. フライパンの中心をあけ、しょうゆを加えて煮たったら混ぜ合わせ、コショウ少々をふる。

栄養満点！
たっぷり食べてね

エダモンの
もったいない
モン

江戸っ子野菜のコマツナですが、トマトやチーズとの相性もいいんです。
間引き菜は、ざくざく切ってイタリアンな万能ソースに。
パスタにかけたり、ご飯と混ぜてリゾット風にしてめしあがれ！

間引き菜で

コマツナのトマトソース

■ 材料（作りやすい分量）

コマツナ（間引き菜） ---------- 500g
ベーコン（厚切り） ---------- 60g
トマト缶（カット） ---------- 300～400g
A | タマネギ（みじん切り） ---------- 1/2個分
　| ニンニク（つぶしたもの） ---------- 1かけ
　| オリーブオイル ---------- 大さじ1
B | 昆布茶 ---------- 小さじ1弱
　| 塩 ---------- 小さじ1/2～2/3

■ 作り方

1. コマツナは4cm長さに切る。ベーコンは1cm角に切る。
2. フライパンにAとベーコンを入れて炒め、香りがたったらコマツナを加える。
3. コマツナがしんなりしてきたら、トマト缶と水200mℓを加えてよく混ぜ、Bを加えて弱火で10～15分煮る。
4. あら熱が取れたら保存容器、または保存袋に入れて、冷蔵室または冷凍室へ。

●冷凍室で1か月ほど保存OK

ぼっちで乾燥させたラッカセイはうまいぞー

千葉県
八街市《やちまた》
（JA千葉みらい管内）

ラッカセイの生産量全国一位の千葉県の中で、さらにトップクラスの生産量を誇る八街市。

「八街の土は、軟らかくて水はけがよい関東ロームだから、ラッカセイ作りにぴったりなのさ。あと必要なのが、日照時間と空っ風。この三つがそろうと、うまいラッカセイになるんだよ」と語るのはラッカセイ農家四代目の古谷長武《ふるやおさむ》さん。

「今の一番人気は『千葉半立《ちばはんだち》』。株に実る数は少ないけど、実入りがよく甘い品種なんだ。これをいつ収穫して、どう乾燥させるかで味が決まる。〝ぼっち〟に秘訣ありだね」

ぼっちとは、ラッカセイを円筒状に野積みする乾燥方法のこと。一週間前から畑に広げて干しておいたラッカセイを使って、中まで風が通るように積み上げていくのがコツです。この状態で一か月ほどおくと、うまみがギュッと凝縮した上等なラッカセイができあがります。

「乾燥させたラッカセイは、専門店で煎って、おなじみの煎りラッカセイとして販売されるんだよ。天日に当てて乾かすと、ラッカセイに含まれるデンプンが蔗《しょ》糖に変わって、甘さがぐんと増すんだよねー」と、父の祐一さんはにっこり笑います。

エダモンの ラッカセイ 旬レシピ

ラッカセイに含まれる油は、体にとてもいいそうなので、いろいろな料理にふりかけて、毎日、少しずつ食べてくださいね。

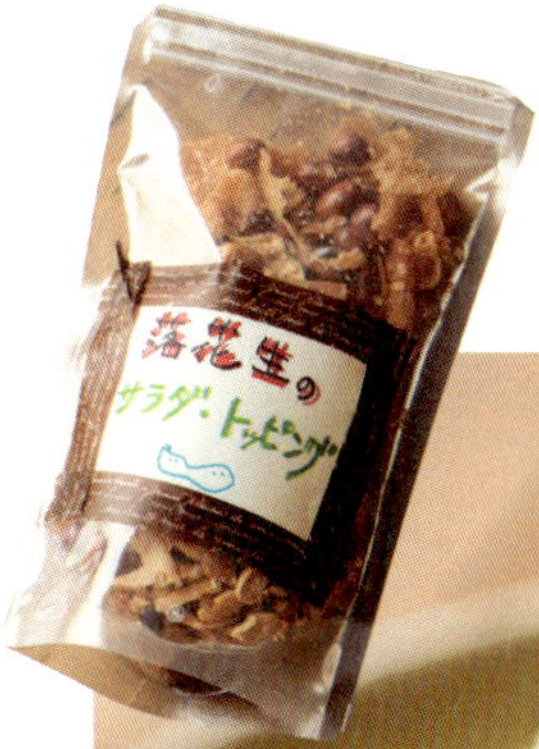

レタスのサラダやキャベツのコールスロー、ダイコンの千切りサラダなどにふりかけて

サラダのトッピングに

シャカシャカラッカ

■材料（作りやすい分量）

ラッカセイ（生・殻を取ったもの）……100g
ニンニク……1/2個（25g）
ワンタンの皮（市販品）……15枚
ちりめんじゃこ……50g
塩　粗びき黒コショウ　揚げ油

■作り方

1. ニンニクは2mm厚さの横薄切りにする。水でさっと洗い、ペーパータオルで水けをしっかり拭く。
2. フライパンに揚げ油を入れて170℃に熱し、ニンニクを入れて、きつね色になるまで弱火で4～5分ゆっくり揚げる。取り出して油をきる。
3. 同じ油に、ワンタンの皮を1枚ずつ入れ、皮が浮いてきたら返して両面をこんがりと揚げる。取り出して油をきり、熱いうちに塩少々をふる。
4. 続いて、油にラッカセイとちりめんじゃこを入れ、気泡がおさまるまで揚げる。取り出して油をきる。
5. 揚げた材料が冷めたら、ワンタンの皮を割り、すべての材料を混ぜ合わせる。塩・黒コショウ各少々を加えて味をととのえる。

●冷蔵室で2か月ほど保存OK

わっぜうまか！ホクホクのサツマイモ

鹿児島県南九州市
（JAいぶすき管内）

「えいもちゃん」のブランド名で親しまれている『ベニサツマ』は、色がよく、ほどよい堅さ

江戸時代に薩摩《さつま》藩に伝わり、その後、全国に広まったサツマイモ。ここ、南九州市の頴娃町《えいちょう》で伸び伸びと育ち、ぷっくり太ったイモを掘取機で収穫するのは、サツマイモ農家の尾曲《おまがり》宰《つかさ》さん・紀子さん夫妻。

収穫しているのは『ベニサツマ』。ホクホクとした食感とつややかな赤紫色が特徴で、日本一早く出回るサツマイモとしても有名です。

「収穫は十二月まで。そのあとは『べにはるか』の出番。両方とも冬場は貯蔵しておくから、通年供給できるんだよ。そうすると糖度も増すしね」と話す宰さん。

おいしいサツマイモを作るコツは、土づくり。土を何度も耕してふかふかにすると、ストレスなく下に伸び、太くて長いみごとな形になるそう。

この辺りには台風の通り道がありますが、土の中で育つサツマイモは、そうした被害を受けにくい点でも、頴娃町に最適な作物です。

「サツマイモは揚げるに限る！」

そう言って、鹿児島県の郷土料理〝ガネ〟こと、サツマイモの天ぷらを作ってくれた紀子さん。形がカニの脚に似ていることからついた名前だそうです。「家庭料理だからね。かき揚げみたいに細く切ったり、いりこやニラを入れておかずっぽくしたり。でも、うちはいつもこれ。チャチャッとできるのがいいガネ」

紀子さんのガネは、太めに切って小麦粉をまぶしただけ。サツマイモのおいしさをとことん味わえる豪快さです。

薩摩料理の定番！

サツマイモの天ぷら「ガネ」

■作り方

サツマイモ大２本（850g）は、1cm厚さの斜め切りにしてから、幅1.5cmの棒状に切り、深めの容器に入れる。そこに、卵１個、薄力粉50g、砂糖30g、塩ひとつまみを入れ、手でもみこんで全体に衣を薄くなじませる。揚げ油を170℃に熱し、サツマイモを数本ずつまとめながら入れる。サツマイモ同士がくっつくまでは、動かさずにじっくりと揚げる。何度か上下を返し、全体に薄く色づいたらできあがり。

ご飯と汁物は、サツマイモと薩摩名物を組み合わせてみました。サツマイモは甘みだけでなく、うまみもしっかりあることを伝えたくて作ったのが肉巻き。肉はカリカリになるまで脂をしっかり出すと、サツマイモにピッタリ合って、うまさ爆発！

名物さつま揚げ、薩摩地鶏とも相性抜群！

さつま汁と焼きいもご飯

焼きいもご飯

■材料（4人分）

- サツマイモ……小2本（200g）
- 米（洗ってざるに上げておく）……2合
- 塩……小さじ1/3

■作り方

1. サツマイモは皮ごと2cm厚さの輪切りにし、フライパンで両面に焼き色がつくまで3分ほど焼く。
2. 炊飯器に米、サツマイモ、水400mℓを入れて、ふつうに炊く。
3. 炊きあがったら塩を加えてふっくら混ぜ、茶わんに盛る。

さつま汁

■材料（4人分）

- サツマイモ……小3本（300g）
- 鶏もも肉……1枚（250g）
- さつま揚げ……2枚（200g）
- 長ネギ……1本（100g）
- ゆでぎんなん（あれば）……8～10粒
- だし汁……1ℓ
- みそ……大さじ3～4

■作り方

1. サツマイモは皮ごと2cm厚さの輪切りにし、水に7～8分さらして水けをきる。鶏肉とさつま揚げは一口大に切り、長ネギは1.5cm長さの小口切りにする。
2. 鍋にだし汁とサツマイモ、鶏肉を入れて火にかけ、沸騰したら弱火にして8分ほど煮る。
3. さつま揚げとぎんなんを加えて5分ほどしたら、みそを溶き入れる。長ネギを加え、ひと煮たちしたら火を止める。

甘じょっぱい味がくせになる

サツマイモの肉巻き

■材料（4人分）

サツマイモ……中1本（250g）
豚ばら薄切り肉……12枚（250g）
ポン酢じょうゆ……大さじ3
サラダ油（またはこめ油）……大さじ1/2

■作り方

1. サツマイモは皮ごと半分の長さに切り、縦6等分する。蒸気の上がった蒸し器に入れ、竹串を刺してすっと通るまで10分ほど蒸す。
2. 豚肉1枚を広げ、サツマイモ1本を巻く。これを12個作る。
3. フライパンに油を熱し、②の巻き終わりを下にして並べる。動かさずに2～3分焼く。豚肉から脂が出てきたら、少しずつ転がしながら、4～5分かけてじっくりと焼く。
4. 余分な脂を拭き取り、ポン酢じょうゆを加えて、転がしながら煮つめ、火を止める。

焼酎のお供に
ぴったり！

エダモンの
もったいない
モン

サツマイモの皮も捨てずに
だれもが大好きなおやつに変身させましょう～
そのまま食べられます。

皮で

皮かりんとう

■材料（作りやすい分量）

サツマイモの皮……100g
バター……10g
グラニュー糖……大さじ4
塩……小さじ1/3
揚げ油

■作り方

1. サツマイモの皮は、水に7～8分さらして水けを拭き、5㎜幅に切る。
2. フライパンに揚げ油を入れて170℃に熱し、サツマイモの皮を半量入れる。3分ほど揚げ、火を強めてカラッとさせる。残りも同様に揚げる。
3. フライパンにバターを入れて弱火で熱し、グラニュー糖大さじ2とサツマイモの皮を加えてさっくり混ぜる。
4. バットに広げ、塩と残りのグラニュー糖をまぶして冷まし、保存容器に入れて、冷蔵室へ。

●冷蔵室で1週間ほど保存OK

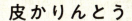

甘〜い 大玉ハクサイを どーんと食べて！

長野県 佐久穂町 （JA佐久浅間管内）

秋から冬にかけて昼夜の寒暖差が大きく、霜が降りることも多い。霜が降りるとデンプンを糖分に変えて、ハクサイはさらに甘くなる

ここは標高一二〇〇メートル。朝もやにけむる広大な畑には、青々と並んだ大きなハクサイが。先代からハクサイ栽培を始めた井出清人さんが、一株三キロ以上の大玉ハクサイの栽培に特化したのは五年前のこと。地域の師匠に教わりながら、研究を重ねたそうです。

「ハクサイは繊細。天候と土とハクサイの様子をみながら、水やり、施肥の量と時期、病害虫対策などをしっかり管理します。長年の経験で身に付く〝勘〟もたいせつなんだ。今は、それを息子に少しずつ教えているところだよ」

収穫から箱詰めまで、早朝から家族総出でおこないます。ここで活躍するのが、清人さんのお母さん、うま子さんです。ハクサイを横に倒して包丁を株の根に当てての一発切り！　その動きがなんとも速い！

「包丁の入れ方で決まるんだ。何度も刃を当てたら、ハクサイがかわいそうだに。一発でスパッ、だ」

産地の食べ方
農家ごはん

ハクサイの水分だけで煮る

ごっちゃ煮

■ 作り方

ハクサイ1株（3kg）はざくざく切る。大鍋に豚ばら薄切り肉（約500g）を入れ、砂糖適量をさっとまぶし、コショウ少々をふった後、ハクサイを詰めこむ。しょうゆ適量を回しかけ、ふたをして火にかける。ハクサイから水分が出るから水は不要。ハクサイのかさが減ってきたら、底からかき混ぜる。再度ふたをして、ハクサイの芯がとろりとなるまで煮る。

ハクサイ栽培の名人、
清人さん

井出さん宅でよく作るハクサイ料理は、ハクサイと豚肉を入れてグツグツ煮たごっちゃ煮。

「正月に親戚がそろったときも、かならず食べるね。そんときは、しらたきやキノコなんかも入れて豪華にするけど。そうはいっても、ハクサイが主役の料理だから、ハクサイがうめえんだ」と、うま子さん。ハクサイの甘みたっぷりのとろりとした煮物は、ご飯との相性も抜群です。

エダモンの
ハクサイ
旬レシピ

ハクサイって、加熱したら、かさは三分の一ぐらいになっちゃうし、生でも、ざくざく切って塩をふるとキューッと縮まる。だから、丸ごと買ってわしわし食べてほしいな。ギョウザは忙しい人向けに、くるりと巻くだけの棒ギョウザにしました。

くるりと
巻くだけ

ボリューム満点のスタミナ料理
ハクサイたっぷり棒ギョウザ

■ 材料（4人分）

ハクサイ……1/10株（300g）
豚ひき肉……200g
ギョウザの皮（大判）……1袋（20枚）
A｜しょうゆ・酒・片栗粉
　｜……各大さじ1
　｜ゴマ油……大さじ1/2
　｜ニンニク・ショウガ（みじん切り）
　｜……各小さじ1
　｜コショウ……少々
塩　ゴマ油

■ 作り方

1. ハクサイは葉を重ねて繊維を断ち切るように細切りにし、さらに3～4等分する。塩小さじ1/2をふって混ぜ合わせ、しばらくおいてからもんで、水けを絞る。
2. ボウルにひき肉を入れ、Aを加えて練り混ぜ、①を加えて混ぜ合わせる。
3. まな板にギョウザの皮を並べ、真ん中に②を等分にして棒状にのせて、くるりと巻く。
4. フライパンにゴマ油大さじ2を入れ、③の巻き終わりを下にして並べる。強めの中火にかけ、皮に焼き色がつくまで焼く。
5. 湯1/3カップを注ぎ、ふたをして弱火で3分蒸し焼きにする。最後に火を強め、残っている水分をとばして皿に盛る。

皮の真ん中に具をのせてくるりと巻く

おいしいねー

シャキシャキうまうまっ！

ハクサイコールスロー

■ 材料（4人分）

ハクサイ……1/6 株（500g）
ホタテ水煮缶（ほぐし身）……大 1 缶（180g）
A　マヨネーズ……大さじ 2 ～ 3
　　練りがらし……適量
塩

■ 作り方

1. ハクサイは葉と軸に切り分ける。軸を繊維に沿って 4cm長さの棒状に切り、ポリ袋に入れて塩小さじ 1/2 を加えて混ぜる。3 分ほどおいてからもんで水けを絞り、ボウルに入れる。
2. ①に汁けをきったホタテと A を加えて混ぜる。最後にハクサイの葉を細切りにし、加えて混ぜる。

エダモンのもったいないモン

作ってすぐは浅漬けやサラダに。長くおいて乳酸発酵して酸味が出たものは、肉と炒めたりしてみてください。わたしのイチオシは、スープです！

残ったら

ザク切りハクサイ漬け

■ 材料（作りやすい分量）

ハクサイ……1/5 個（600g）
塩……小さじ 2
（ハクサイの重量の約 1.5%）
赤トウガラシ（好みで）……1 本

■ 作り方

1. ハクサイは繊維を断ち切るように 1 ～ 2cm幅に切る。
2. 保存袋に入れ、塩を加えて混ぜ、しばらくおいて水けが出たら、トウガラシを加えて袋の上からかるくもむ。常温で 4 ～ 5 日おき、発酵したら冷蔵庫に移す。

●冷蔵室で 1 か月ほど保存 OK

スープやみそ汁にハクサイ漬けの漬け汁ごと、ちょこっと加えると、酸味がいいぐあいに汁に溶け、コクのある味わいに。肉と炒めてもおいしい

ねっとりうんまいどー　サトイモは

収穫は機械で株を掘り起こします。畑に定期的に堆肥を入れているから、土は軟らかくてほかほか

埼玉県狭山市（JAいるま野管内）

ここ狭山市は、サトイモの生産量が県内でもっとも多い地域。市内のあちらこちらに、サトイモ畑が広がっています。

「葉が茂っているうちは、土の中でサトイモがグングン生長しているんだ。今みたいに、少しだけ垂れてきたらそろそろ掘りごろ、葉がもっと黄色くなって、くたっと枯れたら旬、となるわけさ」と教えてくれたのは、サトイモ農家の清水剛《つよし》さん。

「おいしいサトイモに必要なのは土と水分。うちでは木くずを土といっしょに発酵させて、サトイモ専用の

子イモや孫イモがぎっしりついた株は、大きいものは10キロ以上に

こっくりと味をしみこませた

サトイモの煮っころがし

■ 作り方

サトイモ1kgは、大きいものは食べやすく切る。鍋にしょうゆ150mℓ、砂糖大さじ9、酒50mℓを入れてよく混ぜ、サトイモを加えて中火にかける。調味料をからめながら火を通し、ふつふつとしてきたら火を弱め、落としぶたをして15～20分煮る。火から下ろし、鍋を振って煮汁をよくからめ、20分ほどおく。味がしみたらできあがり。

水を使わず煮るよ

肥料をつくってるんだ。土壌と水の管理をしっかりすれば、通気、透水、保水性がよくなって、サトイモの根張りはよくなる。だから、うちのサトイモはうまいんだ」と剛さん。

剛さんの子どもの頃からの大好物が、母の肇子《ちょうこ》さんが作る、サトイモの煮っころがしです。近所の九十歳のおばあちゃんから作り方を教わったそうで、下ごしらえは不要、水は入れない、だしも使わない。それがサトイモ本来のうまみを引き出すそう。こっくりと煮あがったサトイモは、仕上げに鍋ごと何度か振ったあと、しばらくおいて味をしっかり含ませるのがコツ。

「これこれ、この味。うまいでしょ。残った煮汁をご飯にかけると、またうまくてさー」と、剛さんも満足そう。まさにおふくろの味でした。

エダモンの サトイモ 旬レシピ

サトイモの食感を極めた料理を作りました。サトイモをつぶしたおだんごは、片栗粉を混ぜているので、ツルンと口に入ったあと、ねっとり感が広がります。マーボーサトイモは、小さく切って揚げることで、外側をサクッとさせました。

なめらかな食感がたまらない

サトイモだんごのみそちゃんこ

■材料（4人分）

- サトイモ……650 ～ 700g
- ハクサイ（ざく切り）……1/4 個分（600g）
- 生シイタケ（4 等分する）……6 枚（100g）
- みそ……大さじ 4 ～ 5
- だし汁……1 ℓ
- 片栗粉……大さじ 8
- A
  - 鶏ひき肉……400g
  - 溶き卵……1 個分
  - ニンジン（みじん切り）……1/2 本分
  - 片栗粉……大さじ 2
  - しょうゆ・酒……各大さじ 1
  - ショウガ（みじん切り）・塩……各小さじ 1/2

■作り方

1. サトイモは皮付きのまま半分に切る。蒸気の上がった蒸し器に入れ、スッと竹串が通るまで 8 ～ 10 分蒸す。あら熱が取れたら皮をむき、ボウルに入れて片栗粉を加え、つぶしてよく混ぜる。
2. ポリ袋に A を入れ、袋の上から手でよくもむ。
3. 大鍋にだし汁を入れて火にかけ、煮たったら、②の鶏だんごの種を大さじ 1 ぐらいずつ、丸めながら加える。①のサトイモも鶏だんごと同じ大きさに丸めながら加える。
4. ハクサイの軸を加え、だんごが浮いてきたら、シイタケとハクサイの葉を加える。最後にみそを溶き加えて、火を止める。

ご飯にかけてもグー！

マーボーサトイモ

油で揚げるとホクホクとした食感に。親イモで作るのもおすすめ

■材料（4人分）

サトイモ……640g
豚ひき肉……200g
シメジ……100g
ニンニク・ショウガ（みじん切り）……各小さじ1
細ネギ……少々
A しょうゆ・みそ……各大さじ1と1/2
砂糖……小さじ2
豆板醤・鶏がらスープの素……各小さじ1
B 長ネギ（みじん切り）……10cm分
片栗粉……大さじ1
揚げ油

■作り方

1. サトイモは皮をむき、1.5cm角に切る。シメジはいしづきを取って粗く刻む。
2. フライパンに揚げ油を2cmほど入れて170℃に熱し、サトイモの半量を入れる。スッと竹串が通るまで3分ぐらい揚げ、最後に温度を180℃に上げてカラッとさせる。残りのサトイモも同様に揚げる。
3. フライパンに油大さじ2を残し、ニンニク、ショウガを入れて炒める。香りが出てきたら豚肉とシメジを加え、豚肉をほぐしながら炒める。肉の色が変わったら、Aを加えて混ぜる。
4. 水200mℓを加え、煮たったら、②を加えて1分ほど煮る。Bを混ぜ合わせて加え、とろみがついたら火を止める。器に盛り、細ネギを刻んでちらす。

エダモンの もったいない モン

極小イモの大きさはもう、おだんごそのもの。蒸して、たれをつければ、できあがり！　イベントなど人がおおぜい集まるときにぜひ作ってみてください。

極小イモで

みたらし極小イモ

■材料（作りやすい分量）

サトイモ（極小イモ）……400g
A しょうゆ・砂糖・みりん……各大さじ2
片栗粉……大さじ1と1/2

■作り方

1. サトイモは皮付きのまま蒸し、あら熱が取れたら皮をむく。
2. 小鍋に水200mℓとAを入れて中火にかけ、混ぜながら6〜7分煮つめる。
3. 竹串にサトイモを刺して器に盛り、②のたれをかける。好みで白ゴマ、刻んだ青ユズの皮を飾る。

食べてみろー ナガイモ農家の男飯

今日は、スコップで一本一本ナガイモの様子をみながらの試し掘り

みんなで完食。左から蹴揚さん、枝元さん、古里さん、新山喜一さん

青森県
六戸町《ろくのへまち》
（JAおいらせ管内）

奥入瀬川の流域に広がる六戸町はおいしいナガイモの一大産地。六戸町一帯の土は、黒ぼく土といわれる、火山灰からなる表層腐植質の土です。黒くてふかふかの土は、保水性や透水性もよく、ナガイモが気持ちよく下へ下へと伸びることができます。

訪れた日は、ネットいっぱいに絡まっているナガイモの葉が、少し黄みを帯び始めたころ。

「イモの大きさは十分なんだけど、まだ完熟はしてないんだ。人間でいえば、二十歳前後ってところかな。

産地の食べ方

農家ごはん

『ネバリスター』は、ナガイモとイチョウイモを交配した品種。粘りとホクホク感の両方を楽しめる

豪快にすりおろす

とろろ飯

■ 作り方

ナガイモ１本は皮をむき、おろし器でおろす。しょうゆ適量を加え、よく混ぜる。茶わんにご飯を盛り、とろろ適量をのせ、好みで刻みのりをのせる。

色白で、あくが少なく、粘りが強いという特徴は、とろろにすると、よーくわかる

ずうたいは大きいけど、まだまだ青くてあくが強い（笑）。おろしても、すぐ色が変わってしまうんだ」と教えてくれたのは、ナガイモ農家の蹴《け》揚《あげ》克幸さん。もう一段寒くなって、枯れた葉が自然に地面に落ちてくるのが完熟の目安だそう。

完熟したナガイモは、皮が薄くてあくも少なく、とてもジューシー。すべては収穫せず、残りは土の中で冬を越させて、三～四月ごろに、春掘りのナガイモとして出荷します。

「食うなら、まずは生のとろろだ」。ナガイモ農家の古里《ふるさと》進さんは、そう語るやいなや、おろし始めました。白くてきめの細かいナガイモが、あっという間に、粘りとこしのあるとろろになっていく様子に、見ているほうは思わずゴクリ。「白だしで食うのもうまいけど、わーはやっぱりしょうゆだ！飯にかけたらすぐかきこむ。んめぇーぞ」と、古里さんが差し出したのは、文句なくうまい、テッパンのとろろ飯でした。

エダモンの
ナガイモ
旬レシピ

ナガイモは、切り方や火の入れかげんで食感がガラリと変わるんです。のどごし抜群のとろろもいいけど、ナガイモならではのシャキシャキもホクホクもとろ～りも持ち味だから、それぞれ楽しんでほしいな。おつまみからおかずまで、いっぱい作りましたよー。

味つけも
よりどりみどり

食べごたえ満点ナガイモおかず
ナガイモとエビだんごの白煮

■ 材料（4人分）

ナガイモ		800g
むきエビ（生）		300g
A	長ネギ（粗みじん切り）	7cm分
	ショウガ（みじん切り）	15g 分
	パン粉	大さじ 2
	酒・片栗粉	各大さじ 1
	塩	小さじ 1/3
B	だし汁	600mℓ
	みりん	大さじ 2
	塩	小さじ 1/2

サラダ油（またはナタネ油）　塩

■ 作り方

1. エビは背わたを除き、塩水でよくすすぎ、水けを拭く。包丁で粗めにたたいてボウルに入れ、Aを加えてよく練り混ぜる。粘りけが出てきたら 10 ～ 12 等分し、手に油適量をつけてだんご状に丸める。
2. ナガイモは皮をむき、大きめの乱切りにする。鍋に入れ、かぶるくらいの水を加えて強火にかける。煮たってあくが出てきたら火を止めてざるに取り、水で洗ってぬめりを取る。
3. 別の鍋にBを入れて火にかけ、沸騰したら①を加える。煮立ったら②を加えて落としぶたをし、中火で 20 分ほど煮る。塩適量で味をととのえ、火を止める。そのまま 20 分ほど冷まして味を含ませる。

ちゃちゃっと作れる、

速攻おつまみ

さくさくステーキ

■ 材料（4人分）

ナガイモ200g、ミズナ（4cm長さに切る）40g、A（バター15g、しょうゆ大さじ1）、サラダ油（またはナタネ油）小さじ1、好みのドレッシング

■ 作り方

1. ナガイモは皮付きのまま1cm厚さの輪切りにする。
2. フライパンに油を入れて熱し、ナガイモを並べて3～4分焼く。焼き色がついたら、裏返して同様に焼き、Aを加えてからめる。
3. 器にミズナを盛り、ドレッシング適量をかけて、ナガイモをのせる。

シャキシャキ和え

■ 材料（作りやすい分量）

ナガイモ300g、黒ニンニク3かけ（15g）、ウズラの卵（生）1個（または卵黄1個）、ポン酢じょうゆ大さじ1と1/2、青のり少々

■ 作り方

1. ナガイモは皮をむき、5cm長さの千切りにする。黒ニンニクは皮をむき、縦に2～3等分する。
2. 器にナガイモを盛り、黒ニンニクをちらし、ウズラの卵を割り入れる。青のりをふり、ポン酢じょうゆをかける。

とろっと煮

■ 材料（4人分）

ナガイモ200g、油揚げ1枚、A（だし汁200mℓ、みりん小さじ2、塩小さじ1/3）、細ネギ（小口切り）少々

■ 作り方

1. ナガイモは皮をむき、スライサーでごく薄い輪切りにする。油揚げは縦半分に切り、さらに4等分する。
2. 鍋にAを入れて火にかけ、煮たったら油揚げとナガイモを広げながら加え、ひと煮する。とろみがついたら火を止める。
3. 器に盛り、細ネギをのせる。

酢じょうゆ漬け（右）
さっぱり漬け（左）

■ 材料（作りやすい分量）

ナガイモ400g、A（いりこ〈小〉15～20尾、しょうゆ・米酢・水各大さじ3、砂糖小さじ1）、B（紅ショウガ20g、紅ショウガの漬け汁50mℓ、米酢・水各大さじ2、砂糖大さじ1、塩小さじ1/3）

■ 作り方

1. ナガイモは皮をむき、3cm長さ、1cm角の棒状に切る。
2. ポリ袋にAを入れてよく混ぜる。別のポリ袋にBを入れてよく混ぜる。ナガイモを半分に分けてそれぞれの袋に加え、袋の上から手で軽く混ぜて2時間以上おく。

ほれぼれしちゃう 食感豊かな レンコン

茨城県 かすみがうら市
（JA水郷つくば管内）

山口賢一さんのレンコン畑は、広大な霞《かすみ》ヶ《が》浦《うら》に沿って広がっています。収穫は、レンコンのありかを探すところからスタート。片方の手に抱えたホースから勢いよく地下水を噴出させて周囲の泥を軟らかくしながら、もう一方の手で泥の中に眠るレンコンを探ります。

「手ごたえを感じたら、レンコンの周囲に水を当て、泥をどかしながら、根のほうからゆっくり引いて節をソロソロと持ち上げます」と賢一さん。収穫は八月の終わりから翌年の五月まで続きます。夏は暑さをしのぐため、朝の三時から収穫し始めることも。また、冬は厳しい寒さの中、氷を割りながら収穫するときもあります。肌が切れそうなほど冷たい日には、地下水のほうが温かいため、湯気をたてた水が漂う幻想的な光景が広がることもあるそう。

収穫後も、節についたひげ取りや水洗い、選別作業などが続きます。レンコンは傷つきやすく、とてもナイーブ。掘るとき、洗うとき、箱詰めのとき……、どの段階でもお姫様のような扱い。手塩にかけた箱入り娘として出荷されていくのです。

レンコンは、いちばん好きな野菜。たたいてちぎると味がしみておいしくなるので、今回は徹底的にたたかせていただきました。素揚げにするときは、じっくりと揚げて。レンコンから水分が抜け、うまみと甘みが凝縮されて香ばしくなります。

甘酢だれにジュッとつけた

たたきレンコンの南蛮風

■材料（4人分）

- レンコン……600～700g
- 鶏もも肉……大1枚（250g）
- A　塩・コショウ……各少々
- 　　酒……小さじ1
- B　ポン酢じょうゆ……大さじ4
- 　　きび砂糖……大さじ2
- 片栗粉　揚げ油　ミツバ
- 白すりゴマ

■作り方

1. レンコンは皮をむき、縦半分に切る。断面を下にして置き、クッキングペーパーをかぶせて、すりこ木などでたたいてひびを入れ、手で食べやすい大きさに割る。
2. 鶏肉は12等分し、Aをもみこんで5分おき、片栗粉を薄くまぶす。
3. フライパンに揚げ油を2cmほど入れて170℃に熱し、②を入れる。5～6分かけて両面を揚げ、最後に温度を180℃に上げてカラッとさせる。
4. ③の油にレンコンを入れ、色づいて表面がカリッとするまで8分ほど揚げて引き上げる。
5. ④の油を油こしに移してさっと拭きBを入れる。混ぜながら煮たてて、鶏肉とレンコンを入れてからめる。
6. 器に盛り、ミツバ、白ゴマ各適量をちらす。

めっちゃやわらか！ 堺のシュンギク

大阪府 堺市（JA堺市管内）

堺のシュンギクは驚くほどふんわりとした食感

やわらかさが自慢の浅尾文男さんのシュンギクは『株張《かぶば》り中葉《ちゅうば》春菊』という品種。葉の切り込みが深く、株元から葉が生えるため、根付きで出荷します。

「収穫の目安はな、畝《うね》と畝の間を見るんや。隣り合うシュンギクがたがいに伸びて握手し始めたら採り時。これ以上伸びると育ちすぎなんや」と、文男さん。

妻の彰代さんは草刈鎌で根を素早く刈り取ります。刈り取ったシュンギクを文男さんが次々とまとめていき、洗い場へ運びます。どの作業でも二人はいっしょ。まず彰代さんが十株ずつまとめ、それを文男さんが特製ポンプで根だけに水を当てて十秒ほど洗います。土が取れて根っこは真っ白。健康で新鮮な証しです。

浅尾家おすすめの食べ方は雪見鍋。豚バラ肉、ダイコンおろしの順に煮て、シュンギクは、最後にどっさり加えるのがお約束です。

まずはしゃぶしゃぶする程度でパ

産地の食べ方

農家ごはん

「やわらかく育てるには山砂と海砂、肥料のバランスがたいせつ」と文男さん

若葉のようなみずみずしい色と形のシュンギクが畝いっぱいに広がります

左から、息子夫婦の浩史さん、至子さん、枝元さん、彰代さん、文男さん

冬のビタミン補給にぴったり

雪見鍋

■ 作り方（作りやすい量）

鍋にだし汁1.2ℓ、薄口しょうゆ大さじ5、酒・みりん各大さじ3、粗糖《そとう》大さじ1を入れて温め、豚ばら薄切り肉200gを入れる。あくが出たら取り除き、ダイコンおろし大1/2本分を加える。ひと煮たちしたら食べやすく切ったシュンギク3束（750g）を加え、ユズの皮の千切り少々をちらし、ふたをして火を止める。

クリ。やわらかさと香りが口いっぱいに広がります。シュンギクにもう少し火が入ったら、底にある豚肉と共に引き上げて食べます。仲を取り持つのがダイコンおろし。豚肉とシュンギクにいい感じにからんで、風味、口当たり、うまみの三拍子をまとめあげてくれます。

　シャキシャキシュンギクもよし、しんなりシュンギクもよし、肉もダイコンおろしのおかげで火が通ってもやわらかいままで、とにかくおいしい！

エダモンの
シュンギク
旬レシピ

サラダは、生でしか味わえないエレガントな香りと食感がアクセントに！ 香りは葉に多いので、葉っぱだけを香ばしいかき揚げに。甘みとうまみが強く、栄養価も高い茎の部分は、香味野菜とともに油で炒めて、作り置きおかずにしてみました。

やわらかさを楽しむなら生でサラダに！
シュンギクの雑穀和え

生でもいける！

■ 材料（4人分）

シュンギク		200g
雑穀ミックス		1/2 カップ
厚揚げ		1枚（200g）
ツナ缶		大1缶（135g）
A	ポン酢じょうゆ	大さじ3～4
	ゴマ油	大さじ2
ゴマ油　塩		

■ 作り方

1. シュンギクは葉をつんで大きければざく切りにする。
2. 鍋に湯3カップを沸かし、雑穀ミックスを入れる。沸騰したら10分ほどゆで、流水ですすいでぬめりを落とし、水けをしっかりきる。
3. 厚揚げは一口大に切り、ゴマ油大さじ1を熱したフライパンでこんがり焼く。
4. ボウルにAと厚揚げを入れて合わせ、②を加えて混ぜる。さらに、油をきったツナと①を加えてさっと混ぜ、塩少々で味をととのえる。

時間がたっても揚げたてみたい

シュンギク葉のサクサクかき揚げ

■ 材料（6個分）

シュンギクの葉……………200g
干しサクラエビ……………30g
A｜薄力粉……………3/4カップ
　｜片栗粉……………大さじ1
　｜塩……………小さじ1/3
ビール（または炭酸水）
……………1/2～3/4カップ
揚げ油

■ 作り方

1. シュンギクは茎をよけ、葉をざく切りにする。
2. ボウルにシュンギクとサクラエビを入れ、Aを加えてさっと混ぜる。
3. フライパンに揚げ油を2cmほど入れて170℃になるまで温める。
4. ②のボウルに、生地がとろっとするまでビールを注ぐ。おたまじゃくし1杯弱ずつ生地をすくい取って、③に静かに流し入れる。
5. 3分ほどしてまわりが固まってきたら裏返し、両面がカリッとするまで揚げる。

シュンギクの茎と
うまみの強いカキを合わせて

混ぜご飯の素

■ 材料（作りやすい分量）

シュンギク（茎を中心に）……約200g
カキ（加熱用）……………200g
A｜ショウガ（みじん切り）
　｜……………小さじ2
　｜ゴマ油……………大さじ2～3
B｜酒・オイスターソース
　｜……………各大さじ1
　｜しょうゆ……………大さじ1/2
　｜豆板醤（好みで）……………小さじ1
ゴマ油　塩

■ 作り方

1. シュンギクの茎は7mm長さに切り、ゴマ油小さじ1をまぶす。カキは塩水で洗い、流水ですすいで水けをきる。
2. フライパンにAを入れて火にかけ、香りが出てきたらカキを加えて炒め、Bを加えて水分をとばしながら炒める。
3. ①を加えてさっと混ぜ、火を止めてバットに広げて冷ます。
4. 冷めたら、保存瓶の口いっぱいまで入れ、空気が入らないよう瓶の口ひたひたまでゴマ油を注ぎ、丸く切ったクッキングペーパーをのせて、ふたをする。冷蔵室に入れ、使うときは室温に戻す。

●冷蔵室で3～4日保存OK

温かいご飯に混ぜると、豪華で栄養たっぷりのカキ飯に

宝石のように白く輝く カリフラワー

徳島県 徳島市（JA徳島市管内）

何枚も重なった外葉を除くと、初めて白い顔がのぞく

この真っ白な美しさ！ 徳島のカリフラワーは、この白さと粒ぞろいの花蕾《からい》と、真ん丸顔が特徴です。

　この花蕾、日に当たると黄色く変色してしまうので、生育中は外葉をかぶせて、カリフラワーをいかに太陽の光から守るかがとてもたいせつ。真っ白な宝石のようなカリフラワーは、大きな外葉が幾重にも重なった下にそっと隠れて育つのです。

　カリフラワー農家の鈴木良男さん一家は、毎朝畑に行くと、カリフラワーの一つ一つに挨拶をします。茂った外葉をめくっては「おはよー」と声をかけ、生長をチェック。だいたいの目星をつけて葉を開きますが、小さければ開いた外葉をポキッと折って日よけにします。収穫は、刈り取ってから、不要な外葉を切り落とします。「根元からスパッと切って、シャンシャンシャンと上の葉を切るんよ」と、妻の淳子さん。

　たくさんのカリフラワー料理のレ

産地の食べ方

農家ごはん

具も汁も、甘くてとろん

カリフラワーの白いスープ

■作り方

カリフラワー2個は小房に分けて鍋に入れ、水1カップとコンソメ2個を加え、ふたをして蒸し煮にする。フライパンにオリーブオイル大さじ1を熱し、タマネギの薄切り2個分と細切りにしたベーコン100g、ショウガのみじん切り1かけ分を入れて、タマネギがしんなりするまで炒め、鍋に加える。豆乳1ℓを加えて温め、塩・コショウ各少々で味をととのえる。

先代が始めたカリフラワー栽培。良男さんの長男の章広さんが、三代目の後継者に

気持ちいーい！

パートリーを持つ淳子さんが「これはしょっちゅう作っとるなぁ」というのが、スープです。カリフラワーは最初に蒸し煮にして、白さを生かします。そして「カリフラワーと相性がいいんよ」という豆乳と合わせて、とろりとした口当たりにするのがおいしさの秘密。ショウガを使うのも淳子さん流。寒い日には、体の中からポカポカになるように、仕上げにさらにおろしショウガを加えることもあるそうです。

エダモンの カリフラワー 旬レシピ

インドに行ったときカリフラワーをよく見かけましたが、カレーとの相性はテッパンですね。もう一品の甘酢炒めは、サツマイモの甘み、じゃこの香ばしさ、スダチのさわやかな酸味、すべてがカリフラワーにしっくりとなじみます。

まろやかなコクとスパイシーな風味が決め手

チキンとカリフラワーのカレー

■材料（4人分）

カリフラワー（小房に分ける）……1個分（500g）
鶏もも肉……2枚（500g）
A プレーンヨーグルト……3/4カップ（150g）
　トマトケチャップ……大さじ3
　カレー粉……大さじ2
　ニンニク・ショウガ（すりおろし）……各大さじ1/2
　塩……小さじ1
　コショウ……小さじ1/3
タマネギ（粗みじん切り）……1個分（250g）
トマト（粗く刻む）……2個分（400g）
ゆでダイズ……140g
赤トウガラシ……2本
コンソメスープの素（顆粒）……小さじ2
サラダ油（またはナタネ油）……大さじ2
ご飯　カリフラワーの葉（好みで）

■作り方

1. 鶏肉は1枚を8～10等分し、Aを混ぜ合わせてもみこんでおく。
2. フライパンに油を熱し、タマネギとトウガラシを入れて、タマネギが透き通るまで炒める。
3. トマトの半量と①の鶏肉を漬け汁ごと加えて軽く煮つめ、水2カップとコンソメスープの素を加えて混ぜる。沸騰したら、カリフラワーとゆでダイズを入れ、15分ほど煮こむ。
4. 残りのトマトを加えて、全体になじませる。
5. 器にご飯適量を盛り、④をかけて、さっと湯どおししたカリフラワーの葉を添える。

フライパンで作るルウを使わないカレー

うまみじわじわ、奥行きのある味わい

カリフラワーの甘酢炒め

■材料（4人分）

カリフラワー……小1個（300g）
サツマイモ……小2本（180g）
ちりめんじゃこ……1/4カップ
A｜薄力粉……大さじ1
　｜水……大さじ1～2
B｜スダチの搾り汁・酢
　｜……各大さじ2
　｜きび砂糖……大さじ3
　｜塩……小さじ1/2
　｜水……大さじ3～4
サラダ油（またはナタネ油）
……大さじ2
スダチ（薄い輪切り）

■作り方

1. カリフラワーは小房に分け、茎は厚く皮をむいて食べやすく切る。
2. 鍋に湯を沸かし、混ぜたAとカリフラワーを入れて2分ほどゆで、ざるに取る。
3. サツマイモは竹串を刺してすっと通るまで蒸し、乱切りにする。
4. フライパンに油を熱し、じゃこを入れ、ときどきかき混ぜながらカリッとするまで3分ぐらい揚げ焼きにする。
5. ④にカリフラワー、サツマイモ、Bを加え、汁けがなくなるまで炒め合わせて味をなじませる。
6. 器に盛って、スダチ適量をのせる。

どんな食材とも
なじむ懐の深さ

エダモンの
もったいない
モン

新鮮なうちに蒸してつぶしておけば、栄養やうまみは逃げず、
使い勝手も抜群。汁物に加えればとろみがつくし、
コロッケやサラダにすればカロリーを抑えられますよ。

余った花蕾で

カリフラワーの粗マッシュ

■材料（作りやすい分量）

カリフラワー……1個（500g）
塩……小さじ1/4

■作り方

1. カリフラワーは小房に分け、茎は厚めに皮をむいて、1cm角に切る。
2. 蒸気の上がった蒸し器にカリフラワーを入れて塩をふり、10分ほど蒸す。
3. あら熱が取れたら、保存袋に入れて粗くつぶし、平らにならして冷凍室へ。

●冷凍室で1か月ほど保存OK

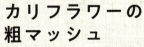

うますぎてモォ～たまらん！ 松阪のナバナ

三重県松阪市（JA松阪 管内）

露地栽培で育った小ぶりでやわらかい葉を収穫。右から陽菜ちゃん、枝元さん、寛美さん、結惟ちゃん

松阪牛で有名な松阪《まつさか》市ですが、じつは、ナバナの産地としても有名。江戸時代からあんどん用のナタネ油の主要産地で、「江戸の灯りは伊勢で持つ」とまでいわれたそう。種から油を搾《しぼ》る前にナバナの芯や若芽を摘み取って食べてみたら、とてもおいしかったことから、食用としても広まったとか。いま、ナバナは三重県の伝統野菜に指定され、「三重なばな」というブランド野菜として出荷されています。

緑がいちめんに広がる小泉寛美さんのナバナ畑。孫でいとこ同士の陽《はる》菜《な》ちゃんと結《ゆ》惟《い》ちゃんもお手伝いします。ナバナの特徴は、一度摘み取っても、わき芽が伸びて何度も収穫できること。収穫時は、わき芽とともに外葉も多少は残します。

ナバナの栽培は、手先が器用で根気強い女性が主役となって働くことが多いそうで、寛美さんも、母の蔦子さんの手伝いを支えに農作業と家

産地の食べ方

農家ごはん

ナバナをゆでるときは、塩をしっかり利かせることがポイント

小泉家に伝わる

具だくさん白和え

■下ごしらえ

木綿豆腐小 1 丁（200g）は前日から水きりをしておく。干しシイタケ大 8 枚も水でもどしておき、もどし汁 1 と 1/2 カップ、砂糖大さじ 1、みりん・しょうゆ各大さじ 2 で味がしみるまで煮て、細切りにする。ニンジン大 1 本は 2 ～ 3cm長さの棒状に切り、水 1 カップ、砂糖小さじ 1、塩小さじ 1/4 でやわらかくなるまで煮る。

■作り方

ナバナ 2 束は塩ゆでにして 2cm長さに切る。すり鉢に白いりゴマ大さじ 5 を入れ、すりこ木でなめらかになるまですり、豆腐を加えてなめらかになるまで混ぜる。砂糖大さじ 5、白みそ大さじ 1 強、塩少々を加えて全体によくなじませたら、シイタケとニンジン、ナバナを加えて、しゃもじでさっくりと混ぜる。

の仕事を切り盛りしてきました。

収穫の後は、蔦子さん直伝の白和えを教えてもらいました。「具を別々に煮るのがたいせつなんや。ナバナ以外の具は季節によって替えることもあるに。秋なら果物のカキとか」と寛美さん。より簡単に作ることもできますが、昔ながらに手間ひまをかけるからこそ、この味になるのだとか。繊細な味の白和えは絶品です！

松阪のナバナは、花芽ではなく若葉や茎を食べるので、小ぶりなサイズとやわらかい葉っぱが特徴。松阪を代表する二つの食材を使ったパワフルな炒め物を考えました。うどんは、ナバナを入れてから少し煮こんで、ナバナのうまみを引き出します。

ショウガをたっぷりと利かせて

ナバナと牛肉の春色チャンプルー

■材料（4人分）

ナバナ……1束（200g）
牛こま切れ肉……150g
溶き卵……2個分
A　ナタネ油・ゴマ油……各大さじ2
　　ショウガ（千切り）……2～3かけ分
昆布茶……小さじ1/2
塩　コショウ　薄口しょうゆ

■作り方

1. ナバナは4cm長さに切って、茎が太い場合は縦半分に切る。牛肉は食べやすい大きさに切る。
2. フライパンにAを入れ、混ぜずにショウガがきつね色になるまで、中火で3～4分ゆっくり揚げ焼きにして皿に取る。油も別の器に取っておく。
3. フライパンに②の油大さじ1とナバナを入れて炒める。昆布茶を加えて混ぜ合わせ、皿に取る。
4. 続けて牛肉を入れてほぐしながら炒め、肉の色が変わったら、塩小さじ1/3、コショウ少々を加えてフライパンのわきに寄せる。空いた所に残りの油適量を入れて溶き卵を加え、ふわっと浮き上がってきたら大きくかき混ぜていり卵にする。
5. ③のナバナを戻し入れて混ぜ合わせ、薄口しょうゆ適量で味をととのえる。
6. 器に盛り、②のショウガをのせる。

春を感じさせる

ナバナとアサリのおうどん

■材料（2人分）

ナバナ（塩ゆでしたもの）……1/2束分（100g）
うどん（乾麺）……160g
A｜アサリ（砂抜きしたもの）……250g
　｜だし汁……4カップ
　｜塩……小さじ1/2
薄口しょうゆ　七味トウガラシ（好みで）

■作り方

1. ナバナは3～4cm長さに切る。うどんは表示どおりにゆでてざるに上げ、流水で洗ってぬめりを取り、水けをきる。
2. 鍋にAを入れて火にかけ、アサリの口が開いたら、薄口しょうゆ適量で味をととのえる。
3. ①を加えて、かるく煮こんだら火を止めて器に盛り、七味トウガラシ適量をふる。

エダモンのもったいないモン

大きくなったナバナでも作れる料理はこちら。
こんにゃくを白身魚に見立てたもので、いわば〝山フグ〟。
魚とは、また違ったおいしさで日もちもします。

大きくなった葉で

ナバナと山フグの昆布じめ

■材料（1本分）

ナバナ……200g
白板こんにゃく……1/3枚（100g）
昆布（40～45cm長さ）……1枚
薄口しょうゆ……小さじ1
酒……大さじ3
塩　練りがらし（好みで）

■作り方

1. ナバナは昆布の幅に合わせて切り、水1ℓに塩大さじ1を加えて沸騰させた湯に、根元だけつける。30秒たったら葉も沈めて2分ほどゆで、冷水に取って水けをしっかり絞る。薄口しょうゆを全体にふり、さらに汁けを絞る。
2. こんにゃくは薄切りにして、塩を強めに加えた湯で1分ほどゆで、ざるに上げて冷ます。
3. 耐熱皿に酒を入れ、電子レンジに30秒ほどかけてアルコール分をとばし、はけで昆布にぬり、しんなりさせる。
4. 昆布を広げ、その上にナバナとこんにゃくを交互に並べて、練りがらし適量をぬる。端から巻いてたこ糸で結び、ラップで全体を包み、冷蔵室でひと晩ねかせる。食べるときは、昆布を外してナバナを食べやすく切り、こんにゃくとともに器に盛る。

●冷蔵室で1週間ほど保存OK

春の訪れを告げる
ウスイエンドウ

和歌山県
みなべ町
（JA紀州管内）

摘み取りの早さがピカ一の久保さん一家。左から直子さん、息子の隆治さん、賢一さん

和歌山県で豆と言えば、ウスイエンドウのこと。繊細な甘みとほっくりとした食感が人気で、豆の皮が薄いのが特徴です。

「そやけど、ウスイエンドウのウスイは〝薄い〟ちゃうねん。明治時代に大阪の碓《うす》井《い》町《まち》で栽培が始まったからやねんけど、和歌山のほうが生育環境が適していたから、こっちで大々的に作られるようになってん」と笑うのは、ウスイエンドウ農家の久保賢一さん。就農した四十年前からウスイエンドウの栽培を始め、地域の仲間といっしょに販売促進にも力を入れてきました。おかげで、いまや「紀州うすい」は、和歌山県を代表するブランド野菜です。

　栽培するビニールハウスは、大きいものは全長百メートル以上あり、天井まで伸びたつるが奥まで続く様子は壮観のひと言！「一株三メートルの勢いや。さやもみるみるうちに膨らむで」と賢一さん。

　ウスイエンドウがとれたら、妻の

わたしたち、
和歌山の
ウスイガールズ！

実がいっぱい詰まると、さやの先端まで膨らんでくる

産地の食べ方

農家ごはん

ほっくりとした食感と甘みがたまらない

ウスイエンドウの豆ご飯

■ 作り方

米 3 合はといでざるに上げ、30 分おく。炊飯器に米、さやから出したウスイエンドウ 120g、水 600㎖、酒大さじ 2、塩小さじ 1 と 1/2 を入れて、ふつうに炊く。炊きあがったら 10 分ほど蒸らし、ふっくら混ぜてできあがり。

直子さんが真っ先に作るのは、豆ご飯です。

「お米といっしょに炊くと、風味とうまみがグッと増して、クリやサツマイモのようにホクホクになるんや」と直子さんが言えば、「豆ご飯があれば、おかずは要らんね」と深くうなずくのは、友達の赤坂幸子さん。その繊細な香りと味わいが調味料のうまみと相まっておいしくなるのです。

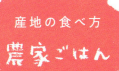

エダモンの
ウスイエンドウ
旬レシピ

ウスイエンドウは洋食にも合います。キッシュは、春巻きの皮を生地の代わりにして、生クリームではなくヨーグルトを使いました。繊細な豆にもよくなじむかるい仕上がりに。洋風煮込みは、豆と新ジャガに魚のうまみがしみて、これまたグー！

春巻きの皮がパリパリ！
ウスイエンドウの紀州キッシュ

■ 材料
（4人分、20cm角の耐熱容器1台分）

ウスイエンドウ（さやから出したもの）……200〜250g
春巻きの皮（19×19cm）……6枚
溶き卵……3個分
ピザ用チーズ……30g
A｜タマネギ（みじん切り）……100g
　｜シメジ（ざく切り）……80g
　｜厚切りベーコン（1cm角に切る）……60g
B｜チキンコンソメスープの素（顆粒）……小さじ1/2
　｜塩……小さじ1/3
　｜コショウ……少々
C｜プレーンヨーグルト……3/4カップ（150g）
　｜ピザ用チーズ……70g
オリーブオイル　バター（溶かしたもの）

■ 作り方
1. フライパンにオリーブオイル小さじ2を熱し、Aを炒め、ウスイエンドウを加えて混ぜる。Bと水200mℓを加え、ふたをして中火で6〜7分蒸し煮にする。水けがとんだら火を止めて、あら熱を取る。
2. 耐熱容器にバター少々をぬる。春巻きの皮1枚を敷き、はけで表面に卵液をぬる。もう1枚春巻きの皮を重ね、同じように卵液をぬる。
3. 残りの春巻きの皮は半分に切り、②の容器の縁に沿わせるように2枚ずつ重ね、卵液をぬる。
4. 残った卵液とCを、ボウルに入れてよく混ぜ、①を加えて混ぜる。③に流し入れ、上にチーズをちらす。
5. 180℃に熱したオーブンで、35〜40分、焦げ目がつくまで焼く。冷めたら切り分ける。

春巻きの皮を容器全体に敷き、卵液をぬる

魚との相性も抜群！

ウスイエンドウとサワラの洋風煮こみ

■材料（4人分）

ウスイエンドウ
（さやから出したもの）………200g
サワラ………2切れ（200g）
新ジャガイモ…小6～7個（250g）
タマネギ………1/2個（100g）
バター………10g
A　白ワイン（または酒）
　………小さじ1
　オリーブオイル………小さじ1
　塩………小さじ1/3
　コショウ………少々
B　コンソメスープの素（顆粒）
　………小さじ1
　塩………小さじ1/3
　コショウ………少々
オリーブオイル

■作り方

1. ジャガイモは皮付きのまま2～3等分の輪切りにする。タマネギは薄切りにする。
2. サワラは1切れを3～4等分のそぎ切りにし、Aをふってなじませる。
3. 鍋にオリーブオイル大さじ2を熱し、タマネギを入れてしんなりするまで炒める。ジャガイモ、ウスイエンドウを加えて炒め合わせ、Bを加えて混ぜる。水400mℓを入れ、ふたをして中火で5分ほど煮る。
4. サワラを上にのせ、ふたをして7～8分煮る。最後にバターを加え、ざっと混ぜて火を止める。

エダモンのもったいないモン

ふぞろいな豆は、粗くつぶしてフル活用。ゆでるときは、水を少なくし、強めの火で短時間加熱して、最後に水分をとばすようにすると、きれいな緑色がそのまま残ります。

ふぞろいな豆で

マッシュビーンズ

■材料（作りやすい分量）

ウスイエンドウ（さやから出したもの）
………350g

■作り方

1. フライパンにウスイエンドウと水300mℓを入れ、強めの中火で10分ほど煮る。やわらかくなったら水けをとばし、あら熱を取る。
2. フードプロセッサーにかけ、バットなどに広げて素早く冷ます。
3. 保存袋に入れて平らにならし、冷凍室へ。

●冷凍室で1か月ほど保存OK

スープのほか、ホットケーキや蒸しパンの生地に加えたり、砂糖を加えてずんだ風スイーツにしても

土から出るか出ないかのタケノコを素早く見つけることが肝心

掘りたては格別！合馬のタケノコ

福岡県北九州市（JA北九管内）

ここは北九州市の合馬《おうま》地区。一面に広がる急斜面に、天をめがけてまっすぐにタケが伸びています。タケノコ農家の戸畑廣幸さんは〝バチ〟と呼ばれるタケノコ鍬《ぐわ》を片手に、地面とにらめっこしながら歩きます。「合馬のタケノコは土の中にいるうちに掘るんだ。顔をちょっとでも出したら、そこから日が当たって堅くなるから、その前に見つけんと」。

合馬の土は、水と養分をたっぷりと含み、ほどよく粘度のあるホカホカと軟らかい赤土。ここで育つ孟宗《もうそう》竹《ちく》の「合馬たけのこ」は、地中にいるあいだに見つけて掘り出すから、肌は真っ白。サックリとしたやわらかな歯ごたえ、強いうまみが自慢で、京都や東京の高級料亭でも引っぱりだこの人気者です。

広大な竹林を歩きまわり、目印となる地面のひび割れを見つけては、腰を据えて掘る、という作業を繰り返します。「シーズンの終わりには

産地の食べ方
農家ごはん

訪れたのは、はしりの時期。最盛期には、さらに大きく風味豊かなタケノコが息つく間もなく生えてくる

掘りたてをシンプルに味わう

タケノコの煮物

■ 作り方

鍋に食べやすい大きさに切ったゆでタケノコ500g、水300mℓ、和風だしの素小さじ1、しょうゆ大さじ3、みりん・砂糖各大さじ1を入れてふたをし、中火で煮る。沸騰したら弱火で25分ぐらい煮こみ、火を止めて冷ます。味がしみこんだらできあがり。

大量に採れる時期には、玄関先にある大きな羽釜が大活躍。燃料には、伐採したタケを割って使う

体重が4～5キロ減ってるね」と、廣幸さん。

朝と昼に掘ったタケノコは、その日のうちに出荷され、妻の静江さんは残ったタケノコを、羽釜で一気にゆでます。下ごしらえが済んだタケノコで、静江さんがよく作るのは煮物。「後からなんにでも応用が利くし、すぐできる（笑）」。ツヤツヤ肌でえぐみのいっさいない澄んだ味わいと歯ごたえは、美味！のひと言に尽きます。

エダモンの タケノコ 旬レシピ

掘りたてのタケノコが手に入ったらぜひ作ってほしい繊細な味わいのゴマ和え。これはタケノコをたたいてひびを入れるのがミソ。味がグンとからみやすくなって、タケノコ本来のうまみも倍増します。タケノコをパワフルに味わうならステーキに。

こっくりとした大人の味わい

タケノコとスナップエンドウのゴマ和え

■ 材料（4人分）

ゆでタケノコ…… 1本（正味300g）
スナップエンドウ…… 80g
A｜黒すりゴマ…… 大さじ5
　｜きび砂糖…… 大さじ2
　｜しょうゆ…… 大さじ1と1/2
　｜昆布茶…… 小さじ1/2
　｜水…… 大さじ1
塩

■ 作り方

1. タケノコは縦に4等分し、すりこ木でたたいてひびを入れ、食べやすい大きさに割る。
2. スナップエンドウはすじを取り、塩ひとつまみを加えた熱湯に入れてさっとゆでる。冷水に取って水けをきり、横半分に切る。
3. ボウルにAを入れて混ぜ合わせ、タケノコとスナップエンドウを加えて味をなじませてから器に盛る。

掘りたてタケノコのゆで方

タケノコは、穂先を斜めに切り落として皮に縦に切り込みを入れ、鍋に入れる。たっぷりの水と米ぬか1/2～1カップを加えて火にかけ、沸騰したら中火で20分ほどゆでる。根元に竹串を刺してスーッと通ったら火を止めてそのまま冷ます。皮をむいて使う。

よっ！
たたき名人

時間がたっても揚げたてみたい

タケ鶏ステーキ

■ 材料（4人分）

ゆでタケノコ……2本（正味600g）
鶏もも肉……1枚（250g）
A ｜塩……小さじ1/3
　｜コショウ……少々
　｜酒……大さじ1/2
B ｜酒……大さじ2
　｜バター……15g
　｜しょうゆ……大さじ1～1と1/2
ナタネ油（またはサラダ油）
……小さじ2
木の芽（あれば）……適量

■ 作り方

1. タケノコは根元を1cm厚さの輪切りにし、両面に格子状の切り目を細かく入れる。穂先は縦に3～4等分する。鶏肉は一口大に切り、Aをもみこんでおく。
2. フライパンに油を熱し、鶏肉の皮目を下にして並べ、焼き色がつくまで強めの中火で4分ほど焼く。裏返して3分ほど焼き、皿に取る。
3. フライパンをさっと拭き、①のタケノコを入れて両面に焼き色がつくまで焼く。
4. ②を戻し入れ、Bを加える。バターが溶けてきたら、全体にからめて火を止める。
5. 器に盛り、木の芽をちらす。

エダモンの もったいないモン

たくさん手に入ったときの作り置きは、ぜひこのきんぴらに。
穂先や根元の堅い所など、扱いにくい部分まで細切りにして
牛肉と炒め、ふくよかな味わいの中国風に仕上げました。

大量にあるときは

中国風 ボリュームきんぴら

■ 材料（作りやすい分量）

ゆでタケノコ……2本（正味600g）
牛もも塊肉……200g
A ｜しょうゆ・酒……各大さじ1/2
　｜コショウ……少々
B ｜ゴマ油……小さじ2～3
　｜ショウガ（千切り）……3枚分
C ｜酒……大さじ1
　｜オイスターソース
　｜……大さじ2と1/2
豆板醤……小さじ1/2

■ 作り方

1. タケノコは4cm長さの細切りにする。
2. 牛肉は4cm長さの細切りにし、Aをもみこむ。
3. フライパンにBを入れて熱し、香りがたったら、②を入れて1～2分焼きつける。
4. ①を加えて炒め、Cを入れて混ぜ合わせ、フライパンのわきに寄せる。空いた所に豆板醤を入れて溶かしてから全体にからめ、火を止める。バットに広げて冷ます。
5. あら熱が取れたら、保存袋に入れて平らにし、冷蔵室へ。

●冷蔵室で3、4日、冷凍室で1か月ほど保存OK

世界農業遺産のワサビだよ！

静岡県伊豆市
（JA伊豆の国管内）

澄んだ水がワサビ栽培の生命線。

天城連峰からゆっくり湧き出す水で育ったワサビ。この栽培地は、二〇一八年三月に世界農業遺産に認定されました。うっそうとした森の中にひっそりと美しいワサビ田が点在します。

「この田は、地面を深く掘り下げて、大きな石から小さな石へと積み上げてから最後に砂を載せる〝畳石《たたみいし》式〟という方法で造られているんだ。こうすると、ワサビの根につねに新鮮な水が均一に届くら」と教えてくれたのは、ワサビ農家七代目の塩谷美《しおやよし》博《ひろ》さん。続いて、青壮年部のワサビ部会に所属する長男の将文さんが

エダモンの ワサビ 旬レシピ

薬味の中でいちばん好きなのがワサビです。刺身はもちろん、肉や魚、マヨネーズにも合う懐の深さ。あの辛みと爽快感で、ワサビを添えると、たくさん食べても胃もたれしないところがいいですね。というわけで、焼き肉にはぜひワサビをお供に！

ワサビマジックで肉あっさり

卵じょうゆ漬け牛肉焼き

■ 材料（4人分）

ワサビ（すりおろしたもの）……大さじ１～2
牛肉（焼き肉用）……300g
A　卵黄……1個分
　　しょうゆ……大さじ１と1/2
　　きび砂糖（または砂糖）……小さじ１～2
サラダ油

■ 作り方

1. ボウルにAを入れて混ぜ、卵じょうゆを作る。
2. 牛肉は室温で30分ほどおき、ペーパータオルで水けを取る。
3. フライパンに油大さじ１を熱し、牛肉を並べて両面をさっと焼き、熱いうちに①をからめる。汁けをきって器に盛り、ワサビをのせる。

「ワサビのよしあしは、水の管理で決まるんだよ。同じ地域でも、水源が違えばワサビの味や香り、生育状況も変わる。だから、どの場所にどの苗を植えるかが肝心で、毎年試行錯誤なんだ」と話してくれました。

鼻にツンとくる辛みと豊かな風味は、いちど食べるとやみつきになるおいしさです。

おわりに

そりゃもう、感動体験でした。

随分前のこと、料理自慢のお宅を訪ねたことがありました。そこで私、すごく素敵なものに出会いました。そのおうちのお母さんが作ってくれたのは、ヨモギの香り高い草餅。そこに、なにか粉状のものがかかっていたんですが、それがなんだかわからなかった、でもすごくおいしい。これはなんですか?と聞いた私にお母さん、「きなこだよ」のひと言。そうですよね、草餅だもの、きなこですよね、でもそれは私がこれまで知っていたきなことは全く別物だったんです。

少しざらっとした食感、大豆の香りがすごくいい。市販のきなこの、あのパフッとむせるような感じがまるでない。ちょっとオーバーかしら、でもガラッと概念をくつがえされた感じでした。

あまりのおいしさに何度もおかわりをしてから、いったいどうやったらこのきなこができるのかを聞きました。

「自分で食べる分の大豆を庭先で肥料もろくにやらずに作っていてね。それを、大工の連れ合いが持ち帰る木っ端を燃やす火にかけて、これまたほったらかしで煎《い》るんだよ。途中で火が消えたら、次の日に続けるくらいの気楽な感じで煎ってから、それをのんびり石臼《いしうす》でひいただけ。ただの、きなこだよ」。

私、本当にびっくりしたのでした。その上深く感動していたのでした。

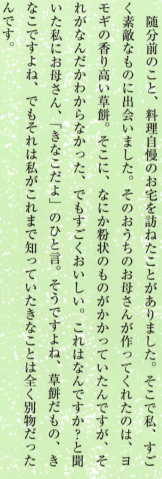

それまでの私、きなこを使うときは、仕事だもの、選りすぐりの〝いいもの〟を使うわ、とばかり高級スーパーで目を凝らしてブランドきなこを選んで買っていたのでした。でも、その市販のきなこに比べると、お母さんのきなこは味も、そして食べ物としての風格も段違いに格上でした。

たかがきなこ、されどきなこ。

そのお母さんのきなこが心動かす力を持っていた理由は、自家製大豆、庭先の遠赤外線・たき火煎り、石臼びき、なのでした。じっくりと食べ物に向き合って人の手が作ったことが、そのおいしさの理由でした。本当にすごかった、段違いでした、ほっぺたが落ちる思いとともに、目から鱗《うろこ》が落ちました。目が覚めました。

食べ物って〝売っているもの買ってくるもの〟となったとたんに手間を省くこと、もっと利益を上げるものに変わってしまう。そりゃ仕事として食べ物を作るうえで利益を考えることは重要。でもそこから人の手の温かみがすり抜けると、食べ物はただの商品と化してしまう。

この本で各地の農家さんを訪ねた折にも、何度もあのきなこと同じ感動を味わっていました。おいしかった野菜たち、おいしかった手作りのご飯やおかずたち。手間のかかる作業を乗り越えて、根の太い、それでいて静かなプライドを持って「おいしくできたのよ、食べて」と差し出された食べ物たち。農家さんの心意気に芯から動かされるように感じながら味わいました。なんていうか、そりゃもう感動体験でした。生き物の力を呼び覚ます、農というなりわいを教えていただきました。

心から、ありがとうございました！

枝元なほみ

Nahomi Edamoto

神奈川県生まれ。劇団「転形劇場」の役者兼賄い、無国籍レストランのシェフを経て、料理家に。「エダモン」の愛称で、雑誌、テレビ、ラジオなどで活躍。親しみやすい人柄と、作りやすくておいしいレシピに定評がある。日本の農業を応援する「チームむかご」を立ち上げ、活動中。

「チームむかご」ホームページ

http://mukago.jp/

デザイン　東條加代子

取材・文　篠原麻子

撮影　赤石仁、油野純平、池内功和、井戸宙烈、今長谷史郎、大泉省吾、岡田善博、尾嶝太、川越亮、川村公志、キッチンミノル、公文健太郎、小林キユウ、繁延あづさ、鈴木陽介、戸高慶一郎、砺波周平、仲地俊裕、根岸佐千子、水田秀樹、宮脇慎太郎、本野克佳（50音順）

校正　安久都淳子

DTP制作　天龍社

エダモンが畑からお届け！

農家ごはんと旬野菜レシピ

2019年5月20日　第1版発行

著者　枝元なほみ

発行者　髙杉 昇

発行所　一般社団法人　家の光協会

〒162-8448　東京都新宿区市谷船河原町11

電話　03-3266-9029（販売）

03-3266-9028（編集）

振替　00150-1-4724

印刷・製本　大日本印刷株式会社

本書は、雑誌『家の光』2016年12月号からの連載「エダモンの旅して産直レシピだモン！」を再編集したものです。掲載内容は取材当時のものです。

乱丁・落丁本はお取り替えいたします。

定価はカバーに表示してあります。

ISBN978-4-259-56618-0 C0077